Stille Winkel in Schleswig und an der Schlei

Stille Winkel in

Schleswig und an der Schlei

Nikola Haaks

Ellert & Richter Verlag

Inhalt

Vorwort

Es gibt einen Ort, an dem man von einem hölzernen Bootssteg aus unbeschadet einen Kopfsprung ins Wasser machen kann. An diesem Ort blühen Unmengen von Heckenrosen, und an guten Tagen reicht der Blick bis weit Richtung Ostsee. An lauen Sommerabenden isst man gegrillten Fisch im Garten, beobachtet die Segler, die von ihrem Ostseetörn zurückkehren, und sitzt bis spät in die Nacht mit einem Glas Wein auf dem Steg. Dieser Ort ist ein kleines Paradies. Und dieses Paradies liegt an der Schlei.

Die Schlei? Von „Wo ist die nochmal" bis „Nie gehört" reichen die Reaktionen vieler Menschen, wenn ich ihnen von der längsten Förde Schleswig-Holsteins vorschwärme. Von blühendem Raps, blauem Wasser, hölzernen Bootsstegen und versteckten Badebuchten. Von Fischbrötchen, Sonnenuntergängen und endloser Weite. Von einem Gefühl wie in Astrid Lindgrens berühmtem Kinderbuch „Ferien auf Saltkrokan". Von einer Idylle so nah an Hamburg, dass man von der Hansestadt aus in einer guten Stunde mit dem Auto dort ist – und anscheinend für die meisten doch so fern.

Dieser 42 Kilometer lange Meeresarm, ist – nein – kein Fluss, sondern ein Überbleibsel der Eiszeit. Er fand seinen Lauf vor zigtausend Jahren, als der Meeresspiegel anstieg und das Wasser sich seinen Weg ins Land suchte. Dabei entstand durch die von Norden vorrückenden Gletscher mit ihren Steinmassen das unverwechselbare Gesicht, das wir heute mit der Schlei verbinden: die von Gletscherzungen geformten Becken wie die Kleine und Große Breite oder auch die Missunder Enge. Mal ist die Schlei breit wie ein See, dann plötzlich wieder ganz schmal wie ein Fluss. Mal geht ihr Lauf im Zickzack, mal halbwegs gerade, und an vielen Stellen öffnen sich kleine, geschützte Buchten, sogenannte Noore, die zum Schwimmen, Ankern oder Picknicken einladen.

Dieser besondere Landstrich ist schon länger im Kommen, auf seine eigene, unverwechselbare Weise. Er ist bodenständig, unaufgeregt und längst nicht so hip wie beispielsweise Sylt oder Timmendorfer Strand. An der Schlei treffen sich weder Promis in In-Lokalen, noch blockieren Jaguars und Porsches die schmalen Straßen in den vielen kleinen, ursprünglichen Dörfern. Es gibt keine Edelboutiquen oder Hotelburgen. Aber immer öfter höre ich von Menschen, die sich hier ein Ferienhaus gemietet haben, von Tagesausflüglern, die mal eben zum Essen in das kleine, aber feine Restaurant Schlie-Krog fahren, die eine Ausstellung auf

Schloss Gottorf besuchen oder gar auf der Suche nach
einem ständigen Wochenend-Domizil sind.

Über ein solches Wochenendhaus von Hamburger
Freunden bin auch ich vor ungefähr 18 Jahren zum ersten Mal an die Schlei gekommen, und heute weiß ich:
Hier habe ich die schönsten Sommer meines Lebens
verbracht. Ich habe Segeln gelernt und erlebt, was für
ein Glück es ist, morgens in der Früh als Erstes aufs
Wasser zu gucken. Ich habe mir die Gegend angesehen,
staunend vor beeindruckenden Herrenhäusern und
Schlössern gestanden, gemerkt, wie viel Geschichte in
dieser Region steckt, die wie das gesamte Schleswig-
Holstein ständig dem Tauziehen zwischen Dänemark
und Deutschland ausgesetzt war. Angefangen von den
Wikingern vor weit über tausend Jahren in Haithabu
über die Herzöge auf Schloss Gottorf bis hin zu der Familie von Schleswig-Holstein-Sonderburg-Glücksburg,
die viele Güter an der Schlei besitzt und die Region
nach wie vor prägt. Ich habe gelernt, dass das südliche
Schleiufer Schwansen und das nördliche Schleiufer
Angeln heißt. Und dass diese beiden Ufer früher zwei
verschiedene Welten waren, deren Bewohner sich
nicht besonders wohlgesonnen gegenüberstanden.
Angeln – der Name geht auf den Volksstamm der
Angeln zurück, die später zum Großteil nach England
auswanderten – ist bis heute durch kleinere, eigenstän-
dige Bauernhöfe gekennzeichnet. Die Landschaft
besteht aus vielen überschaubar großen Feldern, die
durch Knicks, durch mit Büschen bewachsene kleine
Erdwälle, voneinander getrennt sind. Das hat seinen
Ursprung darin, dass am Nordufer der Schlei seit jeher
viele Bauern von Gutsherrschaft und Leibeigenschaft

ausgenommen waren, im östlichen Teil Angelns wurde die Leibeigenschaft 1805 sogar ganz abgeschafft. Bekannt ist Angeln auch für seine Nutztierzucht. So stammen zum Beispiel das Angler Sattelschwein oder das Angler Rind von hier.

Schwansen, dessen Name wahrscheinlich vom Schwansener See in der Gemeinde Dörphof abstammt und das auf der südlichen Schleiseite liegt, war und ist hingegen von der Gutsherrschaft geprägt. Das heißt: großzügig angelegte Ländereien und wenige kleine Bauernhöfe. Die zahlreichen Güter, Herrenhäuser und Schlösser werden weitestgehend von alteingesessenen adligen Familien betrieben, unter anderem von den schon erwähnten Herzögen zu Schleswig-Holstein. Klar, dass es bei einem solchen sozialen Gefälle früher gegensätzliche Auffassungen zwischen den Bewohnern beider Ufer gab. Das hat sich natürlich längst geändert, und man kann fröhlich zwischen Angeln und Schwansen hin und her schippern und die Schlei kreuzen, wie es einem gerade gefällt.

Für dieses Buch werde ich ihr zunächst von West nach Ost folgen. Meine Tour beginnt in der größten Schleistadt, in Schleswig mit ihren gut 22 000 Einwohnern, geht entlang des Angelner Schleiufers über Arnis, der kleinsten Stadt Deutschlands, durch die Fischerorte Kappeln und Maasholm bis nach Schleimünde. Von dort aus führt mein Weg zurück nach Kappeln, wo ich die Seite wechsle und dann auf dem Schwansener Ufer über Gut Bienebek, das Bilderbuchdorf Sieseby, Fleckeby und schließlich Stexwig nach Schleswig zurückkehre. Ich besuche versteckte Badebuchten, Herrenhäuser, kleine Kirchen, Drehorte der bekannten Fernsehserie „Der Landarzt", Künstler-Cafés, verwunschene Stege und traumhafte Spazierwege. Und ich treffe viele Menschen, die hier leben und die die Schlei so besonders machen. Denn neben den alteingesessenen Schleibewohnern, den Fischern oder Gutsbesitzern mit ihrer norddeutschen Zurückhaltung, leben mittlerweile viele Zugezogene in der Gegend. Menschen, die auf der Suche nach etwas Neuem im Leben sind – neue Aufgaben, Inspirationen oder Lebensmodelle –, und vieles davon hier oben im Norden gefunden haben. Man kann übrigens die meisten entlegenen Ecken der Schlei auch sehr gut mit dem Fahrrad erkunden oder in einer Kombination aus Fährschiff und Fahrrad. Aber darauf komme ich in den entsprechenden Kapiteln zurück.

Der Ort übrigens, den ich am Anfang erwähne, liegt im östlichen Teil der Schlei. Er hat es verdient, ungenannt zu bleiben. Nur so viel: Es ist eine dieser Ecken, die zu schön sind, um wahr zu sein. An denen einem vor lauter Natur und Schönheit das Herz aufgeht und der Alltagsstress sich auf der Stelle in nichts auflöst. Aber davon gibt es an der Schlei mehr, als man denkt. So viele, dass jeder für sich leicht seinen ganz persönlichen Lieblingsort finden kann.

Der Strand der Fischer am Holm
Eine kleine Welt für sich

Ein kleiner Streifen Sand, hinter mir bunte Plastikkisten, neben mir Adolf Nanz, der Fischer. Wir sitzen am Ufer der Schlei, vor seinem Haus, und beobachten, wie die Spätnachmittagssonne die Umgebung goldgelb einfärbt. Wassertropfen glitzern in den grünen Netzen, die zum Trocknen auf langen Holzpfählen hängen. Darunter liegen orangefarbene Bojen, Reusen und anderes Material, das man zum Fischfang braucht. Wenn Adolf Nanz erzählt, spürt man, dass er mit keiner Faser seines Körpers jemals etwas anderes sein wollte als das, was er ist: Fischer auf dem Holm.

Diese jahrhundertealte Fischersiedlung bei Schleswig ist eine Parallelwelt, in die man entweder hineingeboren wird oder zu der man nie richtig dazugehört. Eine Insel für sich – das war der Holm früher wirklich. Daher auch der Name, der aus dem Dänischen stammt.

Holm bedeutet: „kleine Insel". Erst als 1935 der Stadt-graben aufgeschüttet wurde, um eine Straße zu bauen, verloren die Holmer ihren Inselstatus. Ihr spezielles Flair verloren sie nicht.

Heute kann man ohne Hindernisse von der Schles-wiger Innenstadt direkt auf den Holm gehen. Der Weg führt über die Fischbrückstraße, die in die Süderholm-straße übergeht. Wandert man dann auf den kopfstein-gepflasterten Gässchen zwischen den Häusern umher, kommt man sich zunächst vor, als hätte hier jemand ein schleswig-holsteinisches Disneyland angelegt und dabei kein Klischee ausgelassen. In engen Gassen reiht sich ein puppenartiges Fachwerkhaus an das nächste, an den Hauswänden wachsen Rosenstöcke, und bunt gestrichene Klöntüren – zweigeteilte Eingangstüren, die sich beim Aufklappen der oberen Hälfte hervor-ragend zum „Klönen" eignen – sind Standard. Rund 300 Menschen leben auf dem Holm, den lediglich zwei Hauptstraßen durchziehen. Der Einfachheit halber heißen sie Norderholmstraße und – Süderholmstraße. Eine pittoreske Enge, die man zum Leben mögen muss, denn hier weiß wirklich jeder über den anderen Bescheid, ob man will oder nicht. Außerdem sind die meisten alteingesessenen Familien miteinander ver-wandt.

Wenn an den Wochenenden in der Sommersaison die Touristen einfallen, bemitleidet man die Holmer ein bisschen und mag kaum glauben, dass es hier noch ruhige Ecken geben kann. Aber die Bewohner selbst scheinen das Ganze durchaus locker zu nehmen und sind offen für den einen oder anderen „Schnack". Adolf Nanz lotst auch schon mal fremde Spaziergänger durch seinen Garten, wenn die nicht mehr wissen, wo's langgeht.

Ich gehe bei meinen Holm-Besuchen immer zuerst ans Wasser. Und zwar zu dem Mauervorsprung am Ende der kleinen Stichstraße mit dem Namen „Fuß am Holm". Die führt von der Südseite des Friedhofs hinunter zur Schlei und ist eine der äußerst schmalen Gassen, die früher den Fischern aus der „zweiten Reihe" als Zugang zu ihren Booten diente. Rechts an der Mauer steht eine Holzbank, von der man einen schönen Blick über das sogenannte innere Schleibecken hat. Auf der gegenüberliegenden Seite liegt die historische Wikingersiedlung Haithabu mit dem Wikinger-Museum (s. Seite 110) sowie der empfehlenswerte Gasthof Haddebyer Krog mit seinem großen Biergarten, der bis ans Wasser reicht. Zur Linken blickt man auf die Landungsbrücken. Das sind die grasbewachsenen Anleger, an denen die Fischerboote liegen und auf denen die Fischer ihr Material lagern – Bojen, Behälter, Eimer, Tonnen – und ihre Netze trocknen. Die offenen, kleinen Motorboote, mit denen sie täglich hinausfahren, um Heringe, Brassen oder Aal zu fangen, haben ganz pragmatische Namen wie Schle 1, Schle 2 und Schle 3, nicht etwa abgeleitet von Schlei, sondern von Schleswig, dem zuständigen Bezirk.

Anders, als man es bei der engen Bebauung erwartet, kann man auf dem Holm auch direkt am Wasser entlangspazieren. Die kleinen Sandstrände und Plattenwege vor den Gärten der Fischer sehen zwar privat aus, sind es aber nicht. Der Durchgang ist erlaubt, das ist altes Holmer Gesetz. Und sei es noch so eng oder schmal. Mittlerweile leben viele Zugezogene, soge-

nannte „Butenkieker" – die, die von draußen rein-
gucken –, auf dem Holm, denn seit den 1970er Jahren,
seit es nicht mehr so lukrativ ist mit der Fischerei,
stehen mehr und mehr Häuser zum Verkauf. Es kann
schon passieren, dass die Zugezogenen hier und da ein
Verbotsschild aufgestellt haben, rechtmäßig ist das
nicht. Deswegen kann man auch von unserer kleinen
Bank am „Fuß am Holm" einen schönen Wasserspa-
ziergang starten. Man sollte dabei jedoch in jedem Fall
Rücksicht auf die Anwohner nehmen und nicht fremde Grundstücke betreten oder in Gärten und Fenster
starren. Sonst ist es wahrscheinlich irgendwann vorbei
mit der Freizügigkeit der Holmer.

Geht man also auf dem kleinen Mauervorsprung
nach links und an einem direkt am Wasser gelegenen
Wohnhaus vorbei, gelangt man zu dem weiter zurück-
liegenden Haus von Adolf Nanz, den hier übrigens keiner Adolf nennt, sondern Addelei. „Ökelnamen" heißen
diese Spitznamen, sie sind entstanden, weil es bei dem
engen Zusammenhalt auf dem Holm nicht ausblieb,
dass hier viele miteinander verwandt und verschwägert
waren und somit die gleichen Nach- und auch Vor-
namen trugen. Bevor lauter Verwechslungen drohten,
kamen die Holmer auf die Idee mit den Namenszusät-
zen, zum Beispiel Leier, Stütt, Ducki oder eben Addelei.

Vom Wasser aus trennen des Fischers Haus und die
Schlei nur ein schmaler Garten und eine kleine Treppe. Seine Landungsbrücke liegt ein Stück weiter links.
Dort hat seine Frau Lisa einen Strandkorb aufgestellt,
in dem sie manchmal abends den Tag ausklingen lassen. Aber weiter als diese paar Meter dürfte das Wasser
vom Haus des Fischers auch nicht weg sein, denn es ist

sein Leben. Das Wasser und der Fisch. Seit mehr als 60 Jahren. Und auch wenn längst sein Sohn Ducki (mit „echtem" Namen Matthias) die Geschäfte übernommen hat, gibt es kaum einen Tag bei Adolf Nanz, an dem er nicht in sein kleines Holzboot steigt und hinausfährt auf die Schlei. Und jeden Tag, so sagt er, geht ihm aufs Neue das Herz auf, wenn er frühmorgens um vier Uhr auf dem Wasser ist. Er liebt das Licht und die Stimmung, die doch immer anders ist.

Die Fischerei hat sich gegenüber früher wesentlich verändert. Zu viele Sportboote, zu viele Kormorane und zu wenig Fisch, der seinen Weg überhaupt noch in die Förde findet. Was auch daran liegt, dass sich aufgrund biologischer Ursachen das Nahrungsangebot für die Fische stark verringert hat. Vor allem haben sich die Kormorane zu einer echten Plage entwickelt. Die Ausscheidungen der bisweilen zu Tausenden in Kolonien lebenden Vögel lassen sämtliche Bäume absterben. Das kann man besonders schlimm auf der kleinen Liebesinsel beobachten, die der Gemeinde Goltoft, östlich von Schleswig, vorgelagert ist. Liebesinsel heißt sie, weil seit Urzeiten die Liebenden dorthin ruderten oder segelten, um für sich zu sein.

Leider sieht der romantische Ort mittlerweile trotz Baumbewuchs von Weitem wie eine verrottete Geisterinsel aus. Die Bäume sind abgestorben und grauweiß vom Kormorankot. Zudem sind die schwarzen Vögel extrem gefräßig und gierig nach Fisch, wodurch sie die Fänge der Fischer massiv schädigen. Rund zehn aktive Fischer gibt es zur Zeit noch auf dem Holm, und der Nachwuchs tut sich schwer. Dabei war Fischfang hier sowie in der gesamten Schleiregion immer Tradition,

seit sich vermutlich im 13. Jahrhundert die ersten
Fischer ansiedelten. Als es gut 200 Jahre später Streitig-
keiten um die Fischereirechte gab, verabschiedete König
Christian I. den sogenannten Schleibrief: Nur die Holm-
fischer hatten das Recht, zwischen Schleswig und Arnis
zu fischen. Es war vor allem der Hering, der Ruhm und
Namen dieser kleinen Fischergemeinde in alle Welt
hinausgetragen hat. Er kam jahrhundertelang regelmäßig und in so großen Mengen, dass sich niemand Sor-
gen um sein Einkommen zu machen brauchte. Um die
Mitte des 19. Jahrhunderts wurde er in viele Länder
exportiert, sogar bis in die Türkei. Noch heute ist der
Hering neben dem Aal das wichtigste Produkt der
Schlei, obschon seine Bedeutung stark zurückgegangen
ist. Würden also die noch verbleibenden Fischer wie
Nanz' Sohn nicht Dorsch und anderen Fisch auf der Ostsee fangen – allein von der Schleifischerei könnten sie
nicht mehr leben.

Wie sehr sich die Zeiten geändert haben, ahnt man,
wenn man den Rentnern beim Schnack zuhört. Allerdings muss man dazu der plattdeutschen Sprache
mächtig sein, denn Hochdeutsch drückt sich hier keiner aus. Die Altvorderen, die lebenslanges Wohnrecht
auf dem Holm haben, treffen sich fast täglich vorne am
Wasser auf einer der Holzbänke und tauschen sich
aus – über die jüngsten Dorfnachrichten, aber auch
über vergangene Tage, als die Fischerei noch den
Lebensunterhalt eines jeden Holmers sichern konnte.

Zwar ist nichts mehr wie damals, eins ist jedoch
jedem Altholmer gewiss: Er wird den Holm nie verlassen – auch nicht nach dem Tod. Das Zentrum der Siedlung ist nämlich der Friedhof. Hier darf nur liegen, wer

zur „Holmer Beliebung" gehört, einer Totengilde, die 1650 gegründet wurde. Sie ist auch der Grund, warum einmal im Jahr Ausnahmezustand im Viertel herrscht. Und zwar genau zwei Wochen nach Pfingsten. Dann gibt es eine riesige Beliebungs-Sause, die von Sonntagmorgen bis Montagnacht dauert und den kompletten Holm in Atem hält. Und nicht nur dann, denn die Vorbereitungen starten natürlich schon Wochen vorher.

Am Tag der Feier sind die Straßen in den schleswigholsteinischen Farben geflaggt (blau, weiß, rot), die Männer tragen Anzug, Zylinder und Fliege, im Gildehaus gibt es eine pompöse Ballnacht, auf der die alten Tänze getanzt werden, und gefeiert wird bis in die frühen Morgenstunden. Wer in diesen Tagen jemanden auf dem Holm in anderer Sache erreichen will, ist schlecht beraten und sollte sein Anliegen verschieben.

Der Friedhof selbst ist ein geruhsamer Ort. Er liegt prominent am Anfang des Holms (von der Schleswiger Innenstadt kommend) mitten zwischen den Wohnhäusern, ist aber für Besucher nicht geöffnet. Dennoch bildet er einen schönen Anfang für einen Spaziergang, denn man kann die sich aneinanderreihenden Gräber unter den alten Linden auch über den schmiedeeisernen Zaun hinweg betrachten. Adolf Nanz geht auf dem Friedhof natürlich ein und aus, von seinem Haus sind es nur ein paar Schritte hierher. Er schaut täglich bei „Muddern und Vaddern" vorbei, wie er sagt. Es ist ein Ritual. Und er kennt natürlich jeden, der hier begraben ist. Eines Tages wird er selber hier liegen. Mittendrin, eingebettet in das Leben auf dieser kleinen, besonderen Fischerinsel. Aber bis dahin wird er bestimmt noch unzählige Male hinaus aufs Wasser fahren.

Am Burggraben in Schloss Gottorf
*Wie die ehemalige Wasserburg
erwachsen wurde*

Ich sitze am Wasser und sehe den Miniwellen zu, die der Wind auf der Oberfläche formt. Und ich bin fast allein. Dabei ragt hinter mir Schloss Gottorf auf, das größte Schloss Schleswig-Holsteins. Das weiße Barockgebäude sieht man schon von Weitem, wenn man über die Bundesstraße 76 von Eckernförde Richtung Schleswig fährt. Die hügelige Straße führt von dem kleinen Ort Güby 18 Kilometer lang wie eine Sichtachse auf Gottorf zu und wird erst hinter dem Örtchen Fahrdorf durch die Schlei in eine Linkskurve gezwungen. Diesen Weg legte angeblich Landgraf Carl von Hessen im 18. Jahrhundert an, um auf der Rückreise vom idyllischen Sommersitz Louisenlund stets Gottorf im Blick zu haben. Besonders bei einsetzender Dämmerung ist die Fahrt auf der B 76 ein Erlebnis, weil die Sonne direkt hinter dem Schlossgebäude untergeht und alles dann in einem ganz besonderen Licht erstrahlt.

Das Schloss beherbergt heute nicht nur das Landesmuseum für Kunst und Kulturgeschichte, das Schätze vom Mittelalter bis zur Gegenwart zeigt, sondern auch das Archäologische Landesmuseum. Hier befinden sich unter anderem die berühmten Moorleichen aus der Eisenzeit. Zudem dient das gesamte Gelände um das Schloss regelmäßig als Veranstaltungsort für Konzerte und Open-Air-Veranstaltungen.

Trotzdem ist es hier herrlich unaufgeregt. Häufig haben bedeutende historische Bauten, die Jahr für Jahr große Besucherscharen anziehen, etwas sehr Formelles und Kontrolliertes, man steht ständig vor Absperrungen und Hinweisschildern. Dabei entsteht das Gefühl, nur einen kleinen Ausschnitt dessen zu erfassen, was die Atmosphäre und den Charakter des jeweiligen Ortes wirklich ausmacht. Auf Gottorf ist das anders. Hier gibt es keine aufwendig abgesperrten Anlagen oder penibel angelegte Blumenbeete, keine mannshohen Zäune oder sonstige Hindernisse. Rund um das Schloss ist einfach grüne Schleswiger Wiese. Saftig, mit viel Löwenzahn drauf. Eine Wiese, die einlädt zum Picknicken, Lesen, Siesta machen, oder einfach nur zum Rumsitzen. Das Schöne ist, wie viele Menschen das hier auch wirklich tun. Bei meinem letzten Besuch hielt ein älteres Ehepaar seinen Mittagsschlaf, ein anderes spielte Frisbee und eine Frauentruppe machte gerade ihr Picknick. (Für solche und andere Gelegenheiten gibt es übrigens in der schlosseigenen Gastronomie Waldschlösschen den Gottorfer Picknickkorb mit Sandwiches, Obst und einer Flasche

Wein, man muss ihn lediglich im Restaurant vorbe-
stellen.)

Doch zurück zum Burgsee, von dem am Anfang die
Rede war. Er liegt westlich vom Hauptgebäude und
umgab die Schlossinsel früher von allen Seiten. Das
Gebäude hat im Laufe seiner mehr als 800 Jahre alten
Geschichte unglaublich viele Umbauten erlebt und
ständig sein Gesicht gewechselt. Ursprünglich war Gottorf eine mittelalterliche Wasserburg, auf der die
Bischöfe ihren Sitz hatten. Erwähnt wurde es in dieser
Form erstmals 1161. Gut hundert Jahre später, 1268,
übernahmen die Schauenburger Grafen die Festung,
und seitdem ist sie weltlich. In den weiteren Jahren
wandelte sich Gottorf dann von der Mittelalter-Burg
über eine Renaissance-Festung hin zu dem Barock-
schloss, das es heute ist.

Der See besaß früher eine direkte Anbindung zur
Schlei, ehe er von einem der späteren Herzöge durch
einen Damm abgetrennt wurde. Seine Meer-Anmu-
tung hat er aber dadurch keineswegs verloren. Um zu
einer besonderen Stelle an seinem Ufer zu gelangen,
geht man am besten links um das Schloss herum, bis
man vor der Nydamhalle steht. Hier ist das sogenannte
Nydam-Boot untergebracht, das lange vor den Wikingern die Meere befuhr (ungefähr 320 v. Chr.). Dieses
schwarze, hölzerne Ruderboot ist nebenbei ein Highlight der Gottorfer Altertumsschätze, die Besichtigung
lohnt sich.

Ich lasse die Halle jetzt allerdings rechts liegen und
gehe geradeaus hinunter ans Wasser. Links befindet
sich eine kleine Buschgruppe, dahinter führt ein Weg
zu einer versteckten Holzbank. So versteckt, dass kaum

jemand hierher findet. Der perfekte Ort, um sich aus-
zuklinken und die Gedanken schweifen zu lassen. Man
blickt über den Schilfgürtel des Burgsees auf das gegenüberliegende Ufer; nichts als satte, grüne Landschaft.
Da die Bank nach Westen ausgerichtet ist, scheint die
Sonne bis weit in den Abend hinein an diesen Platz,
man kann hier die unglaublichsten Sonnenuntergän-
ge erleben. Das macht das versteckte Eckchen zu einem
optimalen Platz für einen Sundowner.

Aber natürlich lohnt es sich auch, Schloss Gottorf
ganz normal zu besichtigen und sich die verschiedenen Museen anzusehen. Zu dem prachtvollen vierflü-
geligen Schloss, das es heute ist, wurde es im 16. Jahrhundert, in der Zeit, in der es auch Regierungssitz der
Herzöge von Schleswig-Holstein wurde. 1544 gründete
Herzog Adolf von Schleswig-Holstein-Gottorf das
gleichnamige Herzogtum und ließ sich an der Schlei
nieder. Doch besonders große Bedeutung erlangte Gottorf tatsächlich erst unter Herzog Friedrich III. (1616–
1659). Dieser eher unkriegerische Fürst, dessen Interes-
sen der Kunst und der Wissenschaft galten, prägte das
Gebäude am nachhaltigsten. Unter seiner Ägide wurde
Gottorf einer der bedeutendsten Fürstenhöfe der Epo-
che und ein berühmtes Kulturzentrum im nordeuro-
päischen Raum. Regelmäßig trafen sich und diskutier-
ten hier zahlreiche Wissenschaftler, Künstler und
Gelehrte. Es war eine illustre Runde aus dem In- und
Ausland, zu der unter anderem Adam Olearius gehörte, der die erste Grammatik der persischen Sprache ver-
fasste und später den Gottorfer Globus entwickelte
(s. Seite 30), oder auch der Rembrandt-Schüler Jürgen
Ovens, der aus dem benachbarten Tönning an der

Eider kam. Außerdem wurden von Gottorf aus Expeditionen bis nach Moskau und Persien gesandt.

Die Strahlkraft Gottorfs im 17. Jahrhundert bewirkte letztlich auch, dass Schleswig seine heutigen Ausmaße rund um das innere Schleibecken angenommen hat. Während das Schloss zu Beginn des 16. Jahrhunderts noch allein auf weiter Flur stand, ist es heute in die Stadt eingebettet. So sind etwa die Bezirke Friedrichsberg und Lollfuß entstanden, weil sich in der Nähe des Schlosses immer mehr Menschen ansiedelten, Angestellte des Schlosses, Adlige, Beamte und auch Handwerker.

Die Repräsentation des gesamten Geländes nahm daher natürlich einen hohen Stellenwert ein. Da es im 16./17. Jahrhundert außerdem sehr *en vogue* war, sich einen aufwendigen Garten anzulegen, entstand unter Friedrichs Herrschaft unter anderem der berühmte Barockgarten, von dem im nächsten Kapitel zu lesen sein wird. Weiterhin richtete der Herzog eine Kunst- und Wunderkammer ein, die schon damals zu einer viel besuchten Einrichtung wurde. Hier fand und findet man auch Schätze aus den aufgelösten Klöstern Cismar oder Bordesholm. Ähnlich beeindruckend sind die große Bibliothek und die Schlosskapelle. Weitere Sehenswürdigkeiten: die gotische Halle mit einem Kreuzrippengewölbe aus dem 15. und 16. Jahrhundert sowie der Hirschsaal mit seinen kunstvollen Wand- und Deckengemälden (Hirsche und Jagdszenen in allen Variationen) aus dem 17. Jahrhundert. Der Hirschsaal diente seinerzeit als Festsaal.

Wer Lust verspürt, ohne eine offizielle Besichtigung etwas Schlossatmosphäre zu schnuppern, kann durch

den Haupteingang des Schlosses direkt in den Innenhof gehen. Das alte Kopfsteinpflaster und der verwitter-
te Sandstein verleihen dem Hof einen leicht morbiden
Charme. Mit ein wenig Glück ist man für einen Augenblick der einzige Besucher und kann ein bisschen Kopf-
kino ablaufen lassen. Vielleicht ist gerade 1673, und
gleich kommt die Herzogin Friederike Amalie von
ihrem Gottesdienst im Dom zurück (sie zog laut Legende diesen der hauseigenen Schlosskirche vor), um im
Schloss nach dem Rechten zu sehen. Vielleicht wirft sie
einen verstohlenen Blick in die Küche, die befindet
sich nämlich im Souterrain ... Oder ihr Gemahl, Herzog
Christian Albrecht, tritt durch eine der Türen, um mal
kurz frische Luft zu schnappen und den letzten Jagd-
ausflug zu rekapitulieren, bevor er den nächsten Termin mit seinem Gärtner Johannes Clodius hat. Bis auf
das Plätschern des Brunnens an der Nordseite, in dem
ein paar Goldfische ihre Runden drehen, ist es voll-
kommen still. Und genau das macht Gottorf aus: diese
kleinen, privaten Momente inmitten einer landeswei-
ten Sehenswürdigkeit.

Aber so idyllisch wie heute war es auf Gottorf nicht
immer. Das Schloss hat nach seiner Hochphase unter
Friedrich III. harte und bewegte Zeiten hinter sich. Die
Gottorfer Herrschaft befand sich in ständigen Konflik-
ten mit dem dänischen Königshaus, Friedrich war es
nicht gelungen, sein Land aus den diversen Kämpfen
herauszuhalten. Während des Nordischen Kriegs, 1713,
fiel das Schloss dann endgültig an die dänische Krone
und verlor damit rapide an Bedeutung. Die Dänen
räumten das Inventar weitgehend aus und schafften
die Sachen nach Kopenhagen. Außerdem kümmerte

sich in den kommenden Jahrzehnten keiner mehr um die Instandhaltung der Gebäude und der aufwendigen Gartenanlagen. Viele Jahre war Schleswig dänisch, erst 1864 kam es zu dem entscheidenden Deutsch-Dänischen Krieg in Schleswig-Holstein, den die Preußen und Österreicher gewannen. Für Gottorf bedeutete das lediglich, dass es zum Lazarett umfunktioniert wurde. Drei Jahre später wird es dann zu einer Kaserne, nachdem Preußen nach der Schlacht von Königgrätz 1866 Schleswig-Holstein bis zum Ende des Ersten Weltkriegs als Provinz übernahm. Die Ställe und die Reithalle entstehen in dieser Zeit, ein Teil des ehemaligen Barockgartens wird zum Reitplatz umfunktioniert.

Im Zweiten Weltkrieg muss Gottorf wie so viele herrschaftliche Güter in Deutschland auch als Flüchtlingsunterkunft herhalten. Alle Räume sind bis zum letzten Zentimeter belegt, das Schloss wird ziemlich heruntergewohnt. Drei Jahre nach Kriegsende, 1948, wird es dann zum Landesmuseum ernannt. Und damit langsam wieder zu einem Ort der Kunst, Kultur und schönen Dinge, der es heute ist.

Apropos schöne Dinge: Zum Abschluss des Rundgangs schlendere ich hinüber zur ehemaligen Reithalle, die sich östlich vom Schloss befindet, in der wechselnde Ausstellungen gezeigt werden. Im Kreuzstall im Gebäude daneben, in der Galerie der klassischen Moderne, ist auch ein sehr nettes Café untergebracht. Im Sommer kann man im Freien sitzen und mit Blick auf Schloss, Wiese und Kastanienbäume Kaffee trinken. Ein nordisch schöner Abschluss. Wieder herrlich unaufgeregt.

Oberhalb des Barockgartens
Das wiederbelebte Glanzstück
der Gottorfer Fürsten

Ein italienischer Terrassengarten mit Buchsbäumen und Kieswegen à la Versailles? Hier oben im bodenständigen Wikingerland? Man kann sich heute, wo jeder Lavendeltöpfe auf der Terrasse stehen hat, kaum noch vorstellen, was es in der zweiten Hälfte des 17. Jahrhunderts bedeutete, eine so üppige Pflanzenpracht in derart nordisch-karger Landschaft anzusiedeln. Rund 1200 nicht heimische Pflanzen, alle äußerst aufwendig zu beschaffen, zierten damals den Garten. Heute sind Tulpen, Nelken, Ranunkeln, Narzissen, Herbstzeitlose oder Anemonen keine Besonderheit mehr – damals war ihre Anpflanzung in ganz Europa eine botanische Sensation. Aber ein derart gestalteter Garten gehörte eben seinerzeit zu einem repräsentativen Schloss dazu, und da wollte sich Friedrich III. nicht lumpen lassen.

Doch bis der Barockgarten in seiner endgültigen
Form entstanden war, dauerte es Jahrzehnte. Zunächst
ließ der Herzog 1623 einen Lustgarten anlegen, der den
Namen „Alter Garten" trug und sich auf einer Schlei-
halbinsel südöstlich des Schlosses befand. Er war ein
bedeutendes Werk im Stil der Spätrenaissance, ist heute jedoch nicht mehr erhalten. Schon 1637, zeitgleich
mit Fertigstellung des „Alten Gartens", beauftragte er
seinen geschätzten Hofgärtner Johannes Clodius mit
der Ausführung des „Neuen Werks", des heutigen
Barockgartens. Friedrichs ehrgeiziger Plan war es, den
allerersten Barockgarten diesseits der Alpen zu schaffen. Unterstützt wurde er dabei von seinem Sohn Christian Albrecht, dem späteren Gründer der Kieler Universität. Ein riesiges Projekt, das von 1637 bis 1694, also
fast 60 Jahre, dauerte und dessen Ende Friedrich III. leider nicht mehr erlebte; er starb 1659.

Der neue Garten sollte oberhalb, also nördlich des
Schlosses gelegen sein. Das waldige und leicht anstei-
gende Gelände bot beste Vorraussetzungen für einen
Terrassengarten, der dann mit dem Schloss durch eine
Brücke über den Burgsee verbunden werden sollte. Im
Anschluss daran führte eine Ulmenallee zum Eingang
des Gartens, ganz so, wie man es auch heute vorfindet.
Als Vorbild für das „Neue Werk" dienten Johannes Clodius italienische Gärten, wie zum Beispiel der der
berühmten Villa d'Este am Comer See oder der botanische Garten in Padua. Charakteristisch für die Anlage ist eine Königsallee, die den Garten in zwei Hälften
teilt. Im Westen entstand ein großer Spiegelteich. In
der Mitte des Wassers erhob sich eine über fünf Meter
hohe Herkules-Statue aus Sandstein, die auch heute

noch zu sehen ist. Sie stellt den mit der vierköpfigen Hydra kämpfenden Helden dar und diente den Gottorfern als Symbol der siegreichen fürstlichen Macht.

Natürlich durften in so einem Garten auch Orangerie und Lusthaus nicht fehlen. Herzog Christian Albrecht war es, der den Bau eines großen Lusthauses auf der obersten Terrasse am nördlichen Ende des Gartens initiierte. Das Gebäude wurde nach seiner dänischen Frau Friederike Amalie benannt und hieß daher Amalienburg. Was passierte eigentlich in einem Lusthaus genau? Nun, in diesem Fall diente es der höfischen Gesellschaft vorwiegend als exponierter Speisesaal.

Neben der Amalienburg entstand eine imposante Orangerie. Ein massives nach Süden ausgerichtetes Gebäude, in dem die exotischen Pflanzen untergebracht wurden. Für eine Pflanze namens „Agave americana" wurde extra ein acht Meter hohes Treibhaus an die Orangerie angebaut. Man sagte dieser aus Mexiko stammenden Sukkulente nach, sie komme erst nach 100-jähriger fachkundiger Pflege zur Blüte. Dass sie in Gottorf blühte, war da natürlich eine riesige Sensation.

Wer jedoch heute Amalienburg und Orangerie sucht, wird enttäuscht. Schon 1770 wurden die beiden Bauten wieder niedergerissen, die Herzöge waren an dem nicht mehr in bestem Zustand befindlichen Barockgarten desinteressiert. Die Anlage verwilderte dann weitere 200 Jahre lang, bis 1999 ihre Wiederherstellung in Angriff genommen wurde. 2007 wurde der Barockgarten neu eröffnet, allerdings aus finanziellen Gründen ohne Orangerie und Lusthaus.

Doch die ehemaligen Standorte der beiden Gebäude sind es, die sich zu besuchen lohnen, auch wenn sie heute außerhalb des offiziellen Barockgartens liegen. Nicht umsonst hatte man vom Lusthaus aus einen ganz besonderen Blick auf das gesamte Gelände. Das Areal am nördlichen Ende des Barockgartens ist für mich aber noch aus anderen Gründen ein Platz mit besonderem Charme. An dieser Stelle wurde 1851 ein Garnisonslazarett gebaut, das viele Jahre als solches genutzt wurde. Hundert Jahre später wurde es zum Landesjugendheim umfunktioniert, dem sogenannten Paulihof. Vor einigen Jahren brannte das Hauptgebäude aus unbekannten Gründen fast vollständig aus, seither steht hier eine Brandruine. Erstaunlicherweise sind die Außenmauern so gut wie unversehrt, aber die Türen sind vernagelt, und das Betreten ist wegen Einsturzgefahr untersagt.

Neben dem Paulihof befindet sich ein flacheres, ähnlich zerfallenes Wohnhaus, das im Inneren völlig verwahrlost ist. Die beiden maroden Häuser sind umgeben von hochgewachsenem Gras sowie Buchen und Birken. Das ehemalige Jugendheim ist aus dem klassischen beigefarbenen Schlei-Backstein, das Nebengebäude ist dunkelrot gestrichen mit blauen Fensterrahmen. Die Fenster sind teilweise eingeschlagen und mit Holz vernagelt, wilder Wein und Efeu bahnen sich ihren Weg am Mauerwerk, rundherum führt ein Spazierweg und das Ganze hat eine wilde Romantik.

Da der Barockgarten von einem Zaun umgeben ist und die beiden Häuser außerhalb liegen, gelangt man auf einer eigenen Zufahrt über die Straße Paulihof hierher, oder man nutzt die Möglichkeit, auf dem Parkplatz der Kreisberufsschule zu parken und das Schulgelände nach Süden zu verlassen. Man kann aber auch den öffentlichen Weg an der Westseite des Barockgartens hochgehen. Von hier oben, dem nördlichsten Ende des Gartens, sieht man sehr gut, wie sich der Barockgarten über sechs Ebenen erstreckt und mit seinen Brunnen, quadratischen Beeten und symmetrischen Mustern in Gras und Kies sanft nach Süden abfällt. Am Ende ragt die Herkules-Statue aus dem rechteckig angelegten See, hinten links erhebt sich das Schloss weiß und strahlend aus den Bäumen. Zu jeder Jahreszeit ein postkartenreifer Anblick. Natürlich lohnt sich auch ein Spaziergang im Garten selbst. Besonders schön ist es hier im Frühling und Sommer, wenn alles blüht, aber ich habe den Garten auch schon an kalten, klaren Herbsttagen sehr genossen.

Ein weiteres Highlight im unteren Bereich des Gartens ist der begehbare Globus. Er war zu Zeiten Friedrichs III. in einem zweiten Lusthaus namens Friedrichsburg untergebracht, das laut alten Quellen in einem „persianischen Stil" errichtet worden war. Persianischer Stil bedeutete seinerzeit allerdings lediglich: irgendwie exotisch. Der Globus hat 2005 ein neues Haus bekommen, das schlicht und quadratisch aus der Mitte des Gartens herausragt. Wer allerdings das Original darin erwartet, wird enttäuscht. In dem Globushaus findet man nur eine Nachbildung der berühmten Gottorfer Weltkugel. Der echte Globus befindet sich einige hundert Kilometer weiter östlich in der „Kunstkammer" vis-à-vis der Eremitage in Sankt Petersburg, weil er nach der Gottorfer Niederlage im zweiten Nordischen Krieg 1713 als „kleines Geschenk" an den siegreichen Zaren Peter den Großen übergeben wurde.

Mit dem Nachbau wurden vor einigen Jahren eine Schleswiger Firma und zwei Berliner Künstler beauftragt, und nach dreieinhalbjähriger Arbeit konnte man das Zweitwerk begutachten. Heute steht er gut beschützt oberhalb des Sees. Was aber hat es eigentlich mit diesem Globus auf sich? Zu den vielen Gelehrten und Wissenschaftlern, die Friedrich III. und sein Sohn auf ihrem Schloss empfingen, um den Ruf ihres Hauses als Kultur- und Regierungssitz zu festigen, gehörte unter anderem ein Mann namens Adam Olearius. Er arbeitete alsbald als Berater für Friedrich III. und entwarf gemeinsam mit dem Limburger Künstler Andreas Bösch diesen begehbaren Globus. Was heute relativ unspektakulär klingt, war damals eine wahre Sensation, um nicht zu sagen ein Weltwunder.

Als ein solches wurde der Globus seinerzeit auch gehandelt. Mit seinem Durchmesser von drei Metern und einer aufwendigen Konstruktion mit Wassermühlenantrieb sollte er den Zusammenhang zwischen der Erde und den Gestirnen deutlich machen – eine Art barockes Planetarium, wenn man so will. Im Kugelinnern des Globus konnten zwölf Personen auf einer umlaufenden Bank sitzen und den mit Kerzenlicht erhellten Sternenhimmel bestaunen. Kein Wunder, dass Peter der Große dieses Prachtwerk unbedingt haben wollte und sich den Globus nach seinem Sieg als „kleines Geschenk" erbat. Ein Wunsch, den ihm anscheinend niemand abschlagen konnte.

Der Bibelgarten im Johanniskloster
Zwischen Feigenbäumen, Skulpturen
und Mietwohnungen

Ein Kloster, in dem man Wohnungen mieten kann, ein Kreuzgang, in dem Briefkästen hängen, Schuhe vor den Türen stehen und ganz normale Menschen von der Arbeit nach Hause kommen? Das Johanniskloster auf dem Holm ist eine Insel auf der Insel. Abgeschirmt von der Außenwelt liegt es hinter einer Mauer in einer parkähnlichen Anlage. So gut verborgen finden nur wenige Holm-Besucher den Weg dorthin.

Das vermutlich zwischen 1200 und 1230 gegründete Benediktiner-Kloster wurde nach der Reformation, als viele Klöster aufgelöst wurden, in ein Stift für alleinstehende adlige Damen umgewandelt. Es gehörte damit zu einem der vier „adligen Jungfrauenklöster" in Schleswig-Holstein, die eine besondere Aufgabe besaßen. Die Töchter der Adelsfamilien wurden gleich nach der Geburt in einem der Klöster in Itzehoe, Preetz,

Uetersen oder eben Schleswig eingeschrieben und
bekamen damit eine Art Option, hier Unterschlupf zu
finden, sollten sie über das heiratsfähige Alter hinaus
nicht unter die Haube gekommen sein. So waren sie
materiell versorgt und fielen ihren Familien nicht zur
Last. Schließlich hatte der Adel nach dem Dreißigjähri-
gen Krieg (1618–1648) große materielle Einbußen in
Kauf nehmen müssen. In dem Buch von Holger Rüdel
über den Holm heißt es über die potenziellen Bewohne-
rinnen des Klosters vornehm: „Der Ernstfall trat jedoch
nur dann ein, wenn die Heiratsaussicht des Fräuleins
zu den überwundenen Hoffnungen gehörte."

Ich überrede den Fischer Addelei, mit mir einen Spaziergang zum Kloster zu machen. Was nicht schwerfällt,
denn er kommt gerne hierher. Unter anderem, weil er
mit dem Kloster Kindheitserinnerungen verbindet: Seine Mutter arbeitete hier für eine Dame namens „Baro-
neß Mary", und der kleine Adde verdiente sich ab und
zu mit Botengängen ein bisschen Taschengeld dazu.
Nicht zu vergessen die leckeren Äpfel, die man von den
Bäumen im Klostergarten stibitzen konnte ...

Heute leben in dem Kloster noch einige der verblie-
benen Angehörigen, daneben aber auch junge Familien oder Singles. Mit ihrer Miete tragen sie zum Erhalt
der historischen Anlage bei – und geben ihr ein ganz
besonderes Flair. Das Kloster ist durch die „weltlichen"
Bewohner zugleich ein stiller, aber auch lebendiger
Ort. Nanz kennt hier jeden und wird von allen Seiten
gegrüßt. Allen voran natürlich von der amtierenden
Priörin Henny von Schiller, die für Interessierte auch
Rundgänge durch das Kloster anbietet. Addelei und ich
machen uns aber auf eigene Faust auf den Weg und

suchen eine ganz besondere Ecke im Johanniskloster auf, den Bibelgarten. Dorthin kommt man durch eine kleine Pforte, gleich hinter dem Bibelzentrum rechts. Wider Erwarten öffnet sich ein herrlich angelegter und doch verwunschener Garten, der vor allem Pflanzen beherbergt, die in der Bibel zitiert werden. Man findet zum Beispiel einen Olivenbaum, Wein, Apfelbäume, Salbei, Christusdorn und einen Feigenbaum. Teilweise werden diese Pflanzen in der Bibel nur erwähnt, teilweise haben sie eine symbolische Bedeutung. Der Feigenbaum etwa wird im Alten Testament oft zusammen mit dem Weinstock genannt, er gilt als Sinnbild für Frieden und Wohlstand.

Ergänzt wird das Repertoire durch Pflanzen, die von alters her als Nahrungsgrundlage auf den Feldern angebaut wurden. Dazu gehören Weizen, Knoblauch und auch die Brennnessel. Der Bibelgarten ist eins der vielen versteckten Kleinode, die mir bei meinen Recherchen begegnet sind. Und ich lerne: Wer den Holm kennt, kennt noch lange nicht das Johanniskloster; wer das Johanniskloster kennt, kennt noch lange nicht den Bibelgarten.

Im hinteren Teil des Gartens wartet eine weitere Überraschung auf Kunstinteressierte: fünf steinerne Skulpturen norddeutscher Künstler. Sie stellen die „Tiere der Bibel" dar, ein Projekt unter der Leitung des bekannten Kieler Kunstprofessors und Künstlers Jan Koblasa. Im Spätsommer 2005 entstand der Plan, die Flora der Bibel durch die biblische Fauna zu ergänzen; auch in Vorausschau auf die Landesgartenschau, die 2008 in Schleswig stattfand, eine gute Idee. Koblasa hatte für dieses Projekt eine vierköpfige Gruppe von ehemaligen

Studenten motiviert, die Tiere der Bibel in Stein darzu-
stellen. In einem nahe gelegenen Steinbruch wurde das
Material mit Hammer und Meißel im April 2006 mehrere Wochen lang bearbeitet und schließlich mit einem
Tieflader an die Schlei geschafft. Unter alten Linden stehen seitdem ein abstrakter Adler, ein Fabelwesen
namens Leviathan, das in der Bibel das Böse symboli-
siert, ein Löwe, ein Lamm und eine Schlange. Jan Koblasa beschrieb die große Herausforderung, einen sieben
Tonnen schweren steinernen Vogel zu gestalten: „Stein,
der so schwer ist, zum Schweben bringen, zum Schwin-
gen: Der Adler breitet seine Flügel zum himmlischen
Schlag aus ..."

Die Eigenwilligkeit der Figuren lässt erahnen, dass
dies ein Ort ist, an dem Kunst und Kultur großgeschrie-
ben werden. Auch ein Verdienst der Priörin Henny von
Schiller. Sie machte die Anlage der Öffentlichkeit
zugänglich und sorgt dafür, dass hier Konzerte, Lesun-
gen und Ausstellungen stattfinden – kulturelles Leben
in all seinen Facetten.

Ein weiterer wunderschöner Ort, besonders an
einem heißen Sommertag, ist der Kreuzgang des Klosters. Obwohl für alle zugänglich, herrscht hier eine
feierliche Ruhe und angenehme Kühle. Durch einige
Türen kann man einen Blick in den begrünten Innenhof werfen, der aber nicht betreten werden soll. Nach
einem Rundgang durch das Kloster und den Garten,
vorbei an der sandsteinfarbenen Klosterkirche, vor der
im Sommer Klatschmohn blüht, geht es zurück auf die
Allee. Die Welt hat uns wieder. Aber für einen kurzen
Moment habe ich das Gefühl, dem Set des Films „Der
Name der Rose" entstiegen zu sein.

Schleswiger Dom
Ein Stück norddeutsche Kirchengeschichte

Der Schleswiger Dom ist mächtig. Er ragt schon von Weitem mit seiner kupfernen Spitze aus der Stadtkulisse heraus, und die Masten der im Hafen liegenden Segeljachten wirken wie Streichhölzer gegen seinen monumentalen Auftritt. Er steht oberhalb des Hafens, als ein beherrschendes Element der Stadt, als wolle er sagen: Ich könnte durchaus in einer Metropole stehen, aber ich habe mich für euch entschieden!

Wer in seine riesige Halle tritt, wird mit einer geballten Ladung norddeutscher Kirchengeschichte konfrontiert. Der Schleswiger Dom ist zweifelsohne eines ihrer wichtigsten Zeugnisse. Genau wie Schloss Gottorf wurde er diverse Male umgebaut und immer wieder den architektonischen Ansprüchen der Zeit angepasst. Im Jahr 1100 als romanische Basilika angelegt, wurde er von 1200 bis 1408 zur spätgotischen

Hallenkirche erweitert und im 16. Jahrhundert als solche fertiggestellt. Seine endgültige Form entstand jedoch erst 1894, als der 112 Meter hohe Turm errichtet wurde. Es wird spekuliert, dass vorher schlichtweg das Geld fehlte; finanziert wurde dieser letzte Bauschritt nämlich durch ein Geschenk von Kaiser Wilhelm I.

Mich zieht es bei einem Besuch im Schleswiger Dom immer zuerst ins nördliche Querschiff, dorthin, wo die Kerzen stehen. Diese Ecke strahlt eine besonders behagliche, feierliche Ruhe aus, und ich kann den Dom nicht verlassen, ohne ein Licht in Gedenken an einen lieben Menschen anzuzünden. Hier findet man übrigens auch eine ganz ungewöhnliche Deckenmalerei: die beiden germanischen Göttinnen Frigga und Freya. Frigga verkörpert laut germanischer Mythologie Liebe und Ehe, Freya Krieg und Sexualität. Die eine reitet auf einer tigerartig gestreiften Wildkatze, die andere wie eine Hexe auf einem Besen. Heute wird vermutet, dass sie vom Maler angebracht wurden, um böse Geister fernzuhalten.

Nach meinem Besuch im Seitenschiff setze ich mich in die vorderste Bankreihe und lasse den opulenten Bordesholmer Altar mit etwas Abstand auf mich wirken. Das Highlight des Doms und Ziel des täglichen Besucherstroms stammt vom berühmtesten Bildschnitzer der Hochrenaissance, Hans Brüggemann. Es ist eines der Hauptwerke deutscher Altarkunst in der Dürer-Zeit, zu Recht. Das Schnitzwerk zeigt 392 bis ins Detail gefertigte Figuren, ist 12,60 Meter hoch und 7,20 Meter breit. Der Künstler erschuf den Altar zusammen mit seinem Gesellen in rund siebenjähriger Arbeit von

1514 bis 1521. Dass er in Schleswig steht, ist Herzog Christian Albrecht zu verdanken, der ihn 1666 aus der Bordesholmer Klosterkirche hierherbringen ließ.

Es lohnt, nach einem ersten Gesamteindruck sich auch die Zeit zu nehmen, den Altar aus der Nähe zu betrachten und ihn ganz genau zu studieren. Dargestellt wird die Passionsgeschichte von der Gefangenschaft Jesu bis zu seiner Himmelfahrt. Im unteren Teil findet man auch alttestamentarische Szenen, und wenn man ganz genau hinguckt, sieht man auf der linken Seite bei den Bildern zur Zeit Moses eine Holzfigur mit einer Meisterkette um den Hals. Es wird vermutet, dass sich hier der Künstler selbst ein dezentes Denkmal gesetzt hat. Die Schnitzereien sind so unglaublich detailgenau – bis hin zum letzten Kreuznagel –, dass man nur staunend davorstehen kann. Vor allem in Anbetracht der handwerklichen Möglichkeiten, unter denen er im 16. Jahrhundert entstanden ist. Man muss sich vorzustellen versuchen, was es bedeutet, sieben Jahre lang tagtäglich an einem solchen Schnitzwerk mit diesen Ausmaßen zu arbeiten.

Besonders feierlich wirkt der Altar durch das Tageslicht, das durch das einzige Klarglasfenster des Doms fällt und dem Hohen Chor eine ganz eigene Atmosphäre gibt. Der Altar überlebte übrigens den Zweiten Weltkrieg, weil er in seine einzelnen Teile zerlegt wurde, die wiederum in Holzkisten verpackt unter dem Turmeingang vergraben lagerten. Erst 1947 wurde er wieder aufgebaut.

Neben dieser akribischen Holzkunst bietet der Dom weitere Sehenswürdigkeiten, wie zum Beispiel den dreiflügeligen Kreuzgang an der Nordseite mit prächtigen Wandgemälden und Fresken. Er wird Schwahl genannt, was von dem dänischen „Svalen" abgeleitet ist und „kühler Gang" bedeutet. Zum Schutz der Fresken vor Verschmutzung und Kondenswasser ist der Gang allerdings nur selten dem breiten Publikum zugänglich. Jedes Jahr im Dezember bietet sich jedoch eine Gelegenheit, denn dann findet hier ein Kunsthandwerkermarkt statt, der Schwahlmarkt.

Der Dom steht mitten in der hübschen Altstadt von Schleswig und ist umringt von kleinen, niedlichen Fachwerkhäusern. Wenn ich ihn verlasse, umrunde ich ihn gerne noch einmal. Das ist fast schon ein Ritual. Ich mag die historische Atmosphäre, die kopfsteingepflasterte Straße und das kleine Rasenstück an der Rückseite, wo sich heute das Gebäude der Pfadfinder befindet. Ich mag diesen riesigen Dom in dieser gar nicht so riesigen Stadt.

Stadtmuseum Schleswig
Ein Treffpunkt für Fans der Fotografie

Die etwas fade Friedrichstraße mit ihren grauen Häuserfronten weckt keine allzu großen Erwartungen. Wenn man aber den Hof des Stadtmuseums durch den unauffälligen Toreingang betritt, fühlt man sich wie in einer Filmkulisse. Geradeaus blickt man auf das knallrote dreistöckige Hauptgebäude mit der kleinen Freitreppe, rechts und links wird es flankiert von weißen Fachwerkhäusern, in den Ecken blühen ein paar Rosen, ein Rasenrondeel ziert die Mitte. Eine wunderschöne Hofanlage. Würden hier gleich die Hauptdarsteller einer Rosamunde-Pilcher-Schmonzette auftauchen, es würde einen nicht wundern.

Viele Schleswig-Besucher zieht es zunächst nach Schloss Gottorf, dabei ist der Günderothsche Hof, in dem wir stehen, tatsächlich einer der schönsten Adelshöfe Schleswig-Holsteins und eng mit dem Schloss verbunden. Herzog Friedrich III. ließ ihn 1634 bauen, um in der Nähe des Schlosses Gäste unterzubringen. 1675 gelangte das Gebäude in den Besitz des herzoglichen Oberstallmeisters Friedrich von Günderoth, der dem Herrenhaus seinen Namen gab. 1851 erwarb die Stadt Schleswig den gesamten Komplex, und seit 1932, also schon lange bevor Schloss Gottorf Landesmuseum wurde, ist hier das Stadtmuseum zu Hause, das einen guten Kontrast zu Gottorf bietet.

Gleich rechts hinter der Toreinfahrt plätschert Wasser aus einer schmiedeeisernen Wasserpumpe, einem sogenannten Mäkler, der in den Jahren 1858 bis 1898 jeweils von April bis Oktober zur öffentlichen Wasserversorgung in Schleswig diente. Links und rechts daneben stehen zwei gusseiserne Bänke, dahinter blühen im Sommer üppige Rosen. Der erste Impuls: hinsetzen und ausruhen. Und dabei den Blick über den Innenhof schweifen lassen, hinüber zum Teddybärhaus auf der linken Seite des Haupthauses. Hier kommen, der Name sagt es schon, Teddybärfans auf ihre Kosten. Mehrere hundert Bären aus einer Schleswiger Privatsammlung sind in verschiedenen Räumen ausgestellt, allen voran natürlich die berühmten Steiff-Teddys in den ungewöhnlichsten Ausführungen. Im selben Gebäude befindet sich auch ein schönes Café, das im Sommer die Tische auf den Hof stellt. Das entspannte Plätschern des Mäklers, die Rosen, der hübsche Blick: Man mag gar nicht aufstehen.

Selbstverständlich lohnt sich ein Besuch des Museums, das bereits seinen 130. Geburtstag feierte. Schon die Halle ist beeindruckend mit seiner imposanten spätbarocken Treppe mit Balustergeländer. Doch abge-

sehen von den baulichen Schönheiten des Stadtmuseums ist das Hauptthema die Stadtentwicklung Schleswigs. Dank einer Audiovision kann man sich einen
lebendigen Überblick über die Geschichte von den ersten archäologischen Funden bis hin zur Gegenwart verschaffen. Im Dachgeschoss gibt es zudem die berühmte Spielzeugsammlung des Schleswiger Kinderarztes
Dr. Joachim Gunkel, der vom Ende des 19. bis Mitte
des 20. Jahrhunderts Puppenhäuser, Schaukelpferde,
Blechspielzeug und vieles mehr sammelte, das hier
jetzt ausgestellt ist.

Die besondere Note bekommt das Stadtmuseum
jedoch durch seine Fotoausstellungen, die in regelmäßigen Abständen stattfinden. Und das liegt ganz
allein an dem Mann, der sein Büro im ersten Stock des
Gebäudes hat, dem Leiter des Museums, Dr. Holger
Rüdel. Seine ganz große Leidenschaft ist die Fotografie.
Ich verlasse also die 160 Jahre alten Bänke im Innenhof,
die übrigens aus einem Industriebetrieb im nahen
Büdelsdorf stammen, und trete in das Hauptgebäude
ein. Dort geht es die knarzende spätbarocke Treppe
hoch, an einer ernst dreinblickenden Bronzebüste des
Kunstmalers Christian Carl Magnussen vorbei, und
dann stehe ich im Vorzimmer zu Holger Rüdels Büro.
Hier hält sich der umtriebige Museumsdirektor allerdings nur ab und zu auf, nämlich dann, wenn er nicht
gerade in der Weltgeschichte unterwegs ist, auf der
Suche nach neuem „Bilder-Stoff".

Der geborene Schleswiger und ausgebildete Histori-
ker wollte 1983 gerade als wissenschaftlicher Mitarbeiter an der Universität Kiel anfangen, als ein Telefon-
anruf kam. Ob er sich mal bei dem Schleswiger Bürger-

meister vorstellen könnte? Gefragt, getan – Rüdel
musste nicht lange überlegen, als er das Angebot hör-
te. Und nun ist er seit 1985 Direktor des Stadtmuseums.
Für ihn war diese Aufgabe unter anderem die Chance,
der Fotografie in der Schleistadt eine angemessene
Plattform zu geben. Das mag heute nicht besonders
ungewöhnlich klingen, aber Mitte der 1980er Jahre
wurden Fotografen vielleicht in Großstädten wie Hamburg, Berlin und München als Künstler angesehen,
nicht jedoch in einer „Provinzstadt" wie Schleswig.

Deswegen schüttelten auch die meisten Schleswiger den Kopf, als Rüdel mit seinen Fotoausstellungen
anfing. Sie sollten eine Plattform sein für gute Fotografen aller Couleur. Mittlerweile hat er viele berühmte Namen wie Christian von Alvensleben, Robert
Lebeck, James Nachtwey oder andere bekannte GEO-
und Stern-Fotografen in seinem Portfolio.

Sein letzter Coup: der Amerikaner und World-Press-
Gewinner Steve McCurry (er gewann den Award mit
seinem Porträt eines afghanischen Mädchens mit
durchdringend grünen Augen), der sogar für drei ganze Tage aus New York in die kleine Schleistadt reiste.
Und sich pudelwohl fühlte. Wie kriegt er diese Leute
hierher? Rüdel lächelt. Er hat gute Kontakte zu den
großen Agenturen, er schreibt Mails, telefoniert, küm-
mert sich unermüdlich. Er ist schlichtweg leiden-
schaftlich. Und genau deswegen ist das Stadtmuseum
wirklich ein Geheimtipp.

Die Mündung der Füsinger Au
Wo die Schlei sich Nachschub holt

Ich stehe im Schilf, nahe der Stelle, an der die Füsinger Au in die Schlei mündet, und vor mir eröffnet sich ein Panorama, das einem das Herz aufgehen lässt: Da liegt die Schlei, an diesem windstillen Tag weit und glatt wie ein Spiegel. Das Wasser schwappt sanft auf die sandige Uferlinie, rechts im Schilf tummeln sich schnatternde Enten, weiter hinten liegen ein paar Boote am Steg. Und weit und breit kein Mensch.

Ich wusste bis vor Kurzem selber nicht, dass es dieses kleine Flüsschen östlich von Schleswig überhaupt gibt. Matthias Nanz, der Sohn des Fischers Adolf Nanz, nannte es mir auf die Frage, welches seine liebste Ecke an der Schlei sei. Und einer von hier kann ja so falsch nicht liegen.

Die Füsinger Au hat ihren Ursprung in Idstedt, 16 Kilometer nördlich, und schlängelt sich sanft durch die Angelner Landschaft. Sie ist eine von zahlreichen Bächen und Rinnsalen, durch die konstant Süßwasser in die Schlei gelangt. Ihr Lauf führt vorbei an hügeligen Wiesen, waldigen Abschnitten oder Sumpflandschaften, bis sie bei Winning – eingerahmt von hohem Schilf – in die Schlei mündet. Wegen ihrer teilweise sehr geringen Wassertiefe ist sie ein beliebtes Paddelrevier. Viele Touren starten in Taarstedt-Scholderup, nordöstlich von Schleswig, weil die Füsinger Au hier tatsächlich nur ungefähr einen halben Meter tief ist. Optimal also, um die Boote zu Wasser zu lassen.

Um an die Mündungsstelle zu gelangen, bleibe ich aber in Schleinähe und biege auf der Schleidörferstraße von Schleswig kommend rechts nach Gut Winning ab. Eine prachtvolle Allee führt bis zum Gutsgebäude, das heute ein Reiterhof ist. Vor der Anlage angekommen, geht es nur noch nach links weiter. Hier folge ich dem Sandweg bis zu einem kleinen Parkplatz und mache mich zu Fuß auf den Weg. Eine kleine Treppe führt in einen lichten Wald, und am Fuße der Treppe sehe ich schon die Holzbrücke, die aus dem Gehölz heraus die Füsinger Au überquert. Hier ist es mehr als idyllisch: Rechts von der Brücke liegen ein paar Sportboote am Steg, links schlängelt sich der kleine Fluss durch hohes Schilf. Ich gehe geradeaus über die Brücke und folge dem Weg, bis rechts eine Lücke im Schilfgürtel kommt. Und genau hier eröffnet sich das eingangs beschriebene Panorama.

Wer Lust auf einen kleinen Spaziergang hat, kann dem Weg entlang der Bucht ein Stück folgen und kommt nach circa fünf Minuten an den Strand von Winningmay. Der Platz wirkt im Sommer wegen der vielen Surfer und ihrem am Strand trocknenden Equipment wie das St. Peter-Ording der Schlei. Die Bucht mit dem kleinen Strandabschnitt ist ein beliebter Treffpunkt für Wassersportler, die Schlei bietet mit ihrem hier nur knietiefen Wasser optimale Bedingungen für Surfanfänger oder auch Kitesurfer. Doch außerhalb der Saison hat man die Bucht meistens für sich.

Wer noch weitergehen möchte, kommt nach ungefähr 15 Minuten zu einer Aussichtsplattform auf der anschließenden Halbinsel Reesholm und ist somit ganz nah an der Stexwiger Enge (s. Seite 106) – nach Missunde der zweitschmalsten Stelle der Schlei. Reesholm ist seit 1976 Naturschutzgebiet und darf daher nur eingeschränkt begangen werden. Auf dem unberührten Rest der Halbinsel hat sich so eine Salzwiesenlandschaft entwickeln können, die ein beliebter Rastplatz für Zugvögel wie Graugänse, Nonnengänse oder Stare geworden ist. Sogar den seltenen Seeadler sieht man hier ab und zu. Allerdings liegen weite Teile des Gebiets nur knapp über dem Wasserspiegel und werden regelmäßig überflutet. Also besser Gummistiefel anziehen!

Die ganze Strecke kann man übrigens auch bestens mit dem Fahrrad erkunden. Wer mag, kann in Schleswig schon starten, ein guter Ausgangspunkt ist zum Beispiel der Holm. Von hier aus kann man über Nebenstraßen durch Schleswig radeln und anschließend parallel zur Schleidörferstraße über Klensby und Moldenit bis nach Gut Winning.

Aber zurück zur Füsinger Au: Dieses nette Flüsschen ist durchaus geeignet, noch an anderen Stellen „erwandert" zu werden. Ein idealer Start befindet sich zum Beispiel am Anfang der Raiffeisenstraße, die zwischen Winning und Füsing von der Schleidörferstraße Richtung Schaalby abgeht. Hier gibt es einen Zugang zur Füsinger Au, eine flach abfallende Kanu-Einsetzstelle mit einer detaillierten Wandertafel. Mein Tipp: Ein schöner Spaziergang mit Weitblick auf dem Deich Richtung Norden, und man versteht, was die Landschaft Angelns ausmacht.

Der Bauerngarten in Hestoft
Wie ein Ehepaar eine alte Hofstelle restaurierte

Wie kommt man dazu, sein Haus samt Garten für jedermann zu öffnen? Man braucht wahrscheinlich ein gehöriges Stück Exhibitionismus und eine große Portion Leidenschaft für das, was man geschaffen hat. Die Chalupkas haben beides, auf eine sympathische Art. Ich lese vorab, dass der Bauerngarten im kleinen Dorf Hestoft zwischen Brodersby und Ulsnis eigentlich immer geöffnet sei, wenn das Ehepaar zu Hause und die Pforte nicht geschlossen ist. Dennoch rufe ich – norddeutsch korrekt – vorsichtshalber vorher an. „Kommen Sie jederzeit", lädt Herr Chalupka mich fröhlich ein. „Um 16 Uhr müssen wir allerdings weg."

Das Haus ist nicht schwer zu finden, wenn man nur dem etwas ungewöhnlichen Wegweiser „Niederdeutsches Fachhallenhaus" folgt. So wird ein im 13. bis 15. Jahrhundert aufkommender Bauernhaustyp bezeichnet: ein Einhaus, bei dem sich Wohnung, Stall und Erntelager unter einem Dach befanden. Als ich vor der sogenannten Lohdiele des weißen Fachwerkhauses stehe, kommt es mir vor, als sei ich in einem Freilichtmuseum gelandet. Bin ich auch irgendwie. „Hinrich Hinrichsen, anno 1756, 26 Märtz" steht draußen am Torbalken.

1993, also mehr als 200 Jahre nachdem Bauer Hinrichsen den Hof bewirtschaftete, übernahmen die Chalupkas das Haus als Wochenend-Domizil. Es wurde mit viel Liebe zum Detail weitestgehend in den ursprünglichen Zustand zurückversetzt und steht jetzt unter Denkmalschutz. Michael Chalupka klönt gerade auf der Straße mit den Nachbarn, seine Frau Heidi empfängt mich in der offenen Bauerndiele mit den Worten: „Schauen Sie sich einfach um. Und wenn Sie Fragen haben, fragen Sie."

Fragen? Ich sehe hier auf 60 Quadratmetern praktisch alles vor mir, was ein bäuerliches Leben im 18. Jahrhundert ausmachte: diverse Geräte zum Mähen, Dreschen und Schlachten, und in der hinteren rechten Ecke eine kleine Kammer mit einem Bett. Ich schätze, sie ist ungefähr vier Quadratmeter groß. In dieser Kammer haben Knecht oder Magd geschlafen. Auf der restlichen Fläche, abgeteilt durch halbhohe Holzwände, stand unter anderem das Vieh, hier wurde die Milch verarbeitet, das Korn gedroschen und wahrscheinlich sogar geschlachtet. Das Landleben im 18. Jahrhundert hatte mit der Romantik, die einem diese restaurierte Bauernkate heute vermittelt, definitiv wenig zu tun. Bauernhäuser waren damals schlichtweg Produktionsstätten, eine Privatsphäre gab es kaum. In der Regel teilte sich die Familie mit Knecht und Vieh ungefähr drei Zimmer. Die meisten Bauern waren Selbstversorger und lebten häufig am Existenzminimum. Da musste jeder Zentimeter genutzt werden, das galt selbstverständlich auch für den Garten, in dem Obst und Gemüse angebaut und Tiere gehalten wurden. Aber da der 3000 Quadratmeter große Garten für die Chalupkas zum Glück nicht mehr die alleinige Lebensgrundlage darstellt, ist er unter Heidi Chalupkas Händen zu einem regelrechten Paradies geworden.

Ich mache mich auf die Suche nach einem ruhigen Plätzchen zwischen all dem Grün. Heidi Chalupka hat alle Beete traditionell mit niedrigen Buchsbaumhecken eingefasst, schmale Wege führen um jedes herum. Überall wachsen duftende Rosen, Malven, Margeriten, blühende Stauden, Bäume, Büsche und Kräuter. Darunter auch Pflanzen, die ich noch nie gesehen habe. Alles sieht wild aus und hat doch seine Ordnung. Gestaltete Wildnis – so lässt sich wohl das größte Geheimnis eines gelungenen Bauerngartens zusammenfassen. Die Regel lautet: Hier soll die ganze Saison hindurch etwas blühen.

Daneben gibt es noch einen Gemüse- und Kräutergarten. Das alles will und muss gut geplant sein. Ich finde einen Holzstuhl unter einem Birnbaum, von dem aus ich einen Blick auf eine kleine Schafweide habe. Dort grasen die Coburger Fuchsschafe Oskar und Frieda, eine vom Aussterben bedrohte Haustierrasse. Dahinter öffnet sich ein weiter Blick über die Angelner Wiesen. Ein schöner Platz, um die anscheinend Letzten ihrer Gattung zu beobachten und das Ambiente auf mich wirken zu lassen.

Außer mir spazieren noch zwei Frauen im Garten herum, und ich schnappe entzückte Ausrufe auf sowie Worte wie „Rambler" oder „Blush Damask". Und verstehe nur Bahnhof. Also muss ich wohl doch Heidi Chalupka fragen. Sie erzählt mir, wie sie und ihr Mann die alte Kate auf einer Fahrradtour entdeckten, sich spontan verliebten und sie schließlich als Ferienhaus erwarben. Und wie sie dann Lust bekamen, alles wieder so herzurichten, wie es früher einmal gewesen war. Das Wohnhaus, aber auch die Schafhütte, den Bienenstand und den Garten sowieso.

Dass Michael Chalupka von Haus aus Architekt ist, erleichterte die Sache. Er fuhr erstmal nach Mecklenburg-Vorpommern ins Freilichtmuseum Groß Raden und maß dort mit dem Zollstock akkurat die alten Gebäude aus, während Heidi Chalupka sich intensiv mit Pflanzen- und Gartenkunde beschäftigte. Die oben erwähnten Rambler zum Beispiel sind gewaltig wachsende Rosen, die auch in Bäume klettern können. Phlox gehört in jeden Bauerngarten und ist Heidi Chalupkas Lieblingsblume. Die Wildwiese, die so herrlich wuchert, gedeiht nur auf fettem Boden. Und die Kopfweiden, die im hinteren Teil des Gartens wachsen, waren im letzten Jahrhundert nicht nur Zier. Ihre Äste wurden für das Errichten von Zäunen genutzt, aus den Zweigen wurden Körbe geflochten oder sie dienten in Verbindung mit Lehm als Baumaterial für Häuser.

Die Entzückungsschreie der Damen wurden durch einige extrem seltene Rosenarten ausgelöst. Die beiden können sich kaum losreißen und riechen andächtig an den Blüten. Aber derartige Begeisterungsausbrüche kennen die Chalupkas schon. Mittlerweile kommen

Gartenliebhaber und Experten aus ganz Deutschland, um die seltenen Rosenexemplare und den gesamten Garten zu bewundern. Und wenn sich das Ehepaar zum Nachmittagskaffee auf seine Privatterrasse hinter das Haus zurückzieht, bleibt es nicht lange ungestört. Aber das scheinen die beiden auch nicht zu wollen. Denn selbst hier gibt es keinen Zaun, der allzu hartnäckige Gartenfreunde davon abhalten könnte, sich neben den Kaffeetisch zu stellen.

Ich beobachte derweil noch ein wenig den Zwerg-huhn-Nachwuchs. Die puscheligen braun-beigen Hühner gehören zu einer selten gewordenen Rasse mit dem Namen Chabo, und ihre entzückenden Küken wuseln in dem abgezäunten Gehege hin und her. Als ich mich verabschieden will, höre ich, dass die Chalupkas schon wieder anderen Menschen freundlich Auskunft geben. Ich beschließe still zu gehen und nehme zum Abschied noch ein wenig auf dem Sitzplatz links vom Eingang Platz. Hier frühstücken sie meistens, hatte Heidi Chalupka mir erzählt, weil da morgens die Sonne steht. Der Platz ist eingerahmt von Mohn, Margeriten und Kornblumen. Für einen Moment ist niemand zu sehen, und es fühlt sich an, als wäre das hier einfach mein Garten. Dann würde ich wahrscheinlich die Pforte zumachen und keinen mehr reinlassen.

Lindauhof und Badebucht in Gunneby
Hier wird „Der Landarzt" gedreht

Die Radfahrer diskutieren noch, wer eigentlich ihr Lieblings-Landarztdarsteller ist. Walter Plathe oder Wayne Carpendale, der Sohn des Schlagersängers Howard Carpendale ist. Er spielt seit 2007 den berühmten Landarzt Dr. Jan Bergmann. „Der Wayne ist doch wirklich sehr schmuck", sagt die Frau und lehnt ihr Fahrrad an den stabilen Holzzaun. Doch Wayne ist leider nicht da, Drehpause. Das ist selten, denn gedreht wird oft. In über 20 Jahren hat sich „Der Landarzt" längst zur ZDF-Erfolgsserie entwickelt.

Es lohnt sich aber auch in der drehfreien Zeit, den kleinen Abstecher zur Landarztpraxis im fiktiven „Deekelsen" zu machen. Wenn man kurz hinter der Schleibrücke in Lindaunis auf Angelner Seite dem Wegweiser folgt, landet man direkt am Zaun des Hofs. Die berühmte Praxis ist im echten Leben ein Gutshof aus dem 16. Jahrhundert, der seinerzeit den Herzögen von Schleswig-Holstein als Jagdsitz diente, der Lindauhof. Über eine Freitreppe, auf der sich schon dramatische Liebes-, Streit- und sonstige Landarztszenen abspielten, führt der Weg durch die klassizistische Doppeltür in den Rittersaal. Die Balken an der Decke und der grobe Steinfußboden suggerieren: Dieses Haus hat eine lange Geschichte. In der Serie ist der Saal Rezeption, Warte- und Wohnzimmer in einem. Die Einrichtung wurde vor Kurzem modernisiert – für den neuen jungen Land- arzt brauchte man was Modernes. Jetzt ist alles ein biss- chen im Retrodesign gehalten, und an den Wänden hängt Kunst in Türkis, Orange und Gelb. Die Patienten nehmen auf kargen, farbigen Designerstühlen Platz, die auf dem historischen Ölander Steinboden ein biss- chen deplatziert wirken. Aber mittlerweile ist der moderne, reduzierte Wohntrend eben auch in Deekel- sen angekommen. Durch die großen Fenster blickt man auf den gepflasterten Hof, von dem Besucher durch einen Holzzaun abgehalten werden. Sie kom- men trotzdem. Ein Blick auf den Lindauhof ist für Landarztfans wie nach Hause kommen.

Für Astrid Karberg ist es das Zuhause. Das Gut ist seit 1833 im Besitz ihrer Familie, und jeder, der sich mit alten, geschichtsträchtigen Gebäuden auskennt, weiß, wie schwer es ist, alles in Schuss zu halten. Des- wegen fiel auch eine positive Entscheidung für den „Landarzt", als das ZDF im Jahr 1986 anfragte, ob man eine Staffel für eine Arztserie drehen könnte. Das Haus diente damals keineswegs zum ersten Mal als Film- kulisse: Bereits in den 1960er Jahren wurde hier „Die Reise nach Tilsit" gedreht, ein in Ostpreußen spielen-

des Meldodram mit Gustav Knuth und Ruth Maria
Kubitschek.

Astrid Karberg bittet im Landarztwohnzimmer auf
das beige Landarztsofa mit Korblehne zum Kaffee. Sie
selbst wohnt im Gebäude nebenan. Die gelernte Erzie-
herin war mal eine Zeit lang in Berlin, aber sie kommt
nicht los von der Schlei. Deswegen ist sie jetzt für
immer hier. Es ist schräg, in einer Fernsehkulisse zu sitzen. Aber nervt es nicht auch, in einer zu leben? Frau
Karberg kennt es seit dreizehn Jahren nicht anders. Es
waren ihre Eltern, die den Fernsehleuten ihr Einver-
ständnis gaben. Eine Staffel, warum nicht, so was
bringt gutes Geld für die Restaurierung und Erhaltung
des Hofs. Das Fernsehen kam – und blieb. Kein Mensch
konnte ahnen, dass „Der Landarzt", damals noch mit
Christian Quadflieg in der Hauptrolle, so erfolgreich
werden würde. Erst wurde nur alle zwei Jahre gedreht,
seit 2000 dann jedes Jahr. Astrid Karbergs Töchter, heute beide erwachsen, sind mit der Serie groß geworden,
und haben vor allem eins gelernt: still zu sein.

Wenn man mit Astrid Karberg durch das Haus geht,
vorbei an der Patientenliege im Behandlungszimmer
mit der zerrissenen Papierauflage vom letzten Nacht-
dreh, stellt man fest, dass das Gebäude längst nicht so
weitläufig ist, wie es im Fernsehen aussieht. Zumindest nicht der Teil, in dem gedreht wird. Im hinteren
wohnen nämlich tatsächlich noch ihre Eltern, die
alten Karbergs. Vom Behandlungszimmer kommt man
direkt in die Küche, die allerdings extra hier eingebaut
wurde. Die eigentliche Küche ist wie in jedem ordent-
lichen Gutshaus im Keller. Von der Fernsehküche aus
geht man über einen kleinen Flur wieder in den War-

tezimmer-Wohnzimmer-Rittersaal. Und da wird einem auch klar, warum es im Landarzt keine Schlafzimmer-szenen gibt.

Aber die Serie spielt natürlich nicht nur in der Pra-xis in Deekelsen, sondern an vielen anderen Orten der Schlei, die zu besuchen lohnt. Da ist zum Beispiel das Café Krog in Ulsnis, einem kleinen Ort knapp sechs Kilometer vom Lindauhof entfernt. In der Serie fun-giert es als „Maren Jantzens Gasthof". So richtig still ist es dort seit dem Landarztboom nicht mehr, es sei denn, man ist außerhalb der Saison und unter der Woche da. Dann kann man auf der wunderschönen Terrasse bei herrlichem Blick auf die Schlei Kaffee und Kuchen bei Gastgeberin Hedda Krog genießen. Auch den Hof des etwas schrulligen Kräuterdoktors „Alfred Hinnerksen" kann man besichtigen. Der heißt im echten Leben Hol-länderhof und liegt in Wagersrott, westlich von Kap-peln. Er ist das älteste noch bewohnte Bauernhaus in Angeln und gehört der Familie Bartel. Es gibt dort wie in der Serie einen Kräutergarten sowie eine Heimat-kunde-Ausstellung, die auch für Nicht-Landarztfans sehenswert ist.

Und wer so richtig auf Landarztspuren wandern möchte, gönnt sich noch einen Landarztteller im Hotel Aurora, mitten in Kappeln. Die Kneipe, in der sich halb Deekelsen am großen Stammtisch trifft. Der ist natür-lich reserviert. Aber nett sitzt man in der Gaststube an der kurzen Seite vom Tresen. Von dort hat man einen guten Blick auf den Stammtisch und die Fotos, die dahinter an der Wand hängen. Auf das Foto von Heinz Reincke zum Beispiel, der in der Serie von Beginn an den Dorfpastor spielt. Oder das von Christian Quad-

flieg, Walter Plathe und natürlich von Wayne Carpendale, dem Schmucken. Wer ist eigentlich Frau Karbergs
Favorit? Ganz Profi, enthält sie sich der Antwort.

Nach so viel Landarzt-Knowhow ist mir nach einer
erholsamen Pause. Und mir fällt die kleine Bucht in
Gunneby ein, nicht weit entfernt vom Lindauhof. Man
erreicht sie, indem man der Landstraße 283 nach Norden folgt und hinter Lindau links nach Kius abbiegt.
Kurz darauf der nächste Abzweig nach links: nach
Gunneby. Im Ort selbst hält man sich dann Richtung
Dallacker. Wenn man dem Schild folgt, ist die „Badestelle" schon ausgeschildert. Bevor man dort jedoch
ankommt, hat man von der Straße aus noch einen
grandiosen Weitblick über das Gunnebyer Noor. Und
selbst wenn man am Ende der Straße das Gefühl
hat, falsch abgebogen zu sein und ins Nirwana zu fahren: Es gibt hier sogar einen ausgeschilderten Parkplatz.

Man muss Glück haben. Dann ist man ganz alleine
und kann sich aussuchen, in welcher der beiden kleinen Buchten man liegen möchte. Weißer Sand, umran-
det von großen grauen Steinen, es weht eine milde Bri-
se und die Schlei plätschert träge ans Ufer. Vielleicht
sieht es genau so auf Saltkrokan aus? Vielleicht kommt
Tjorven gleich mit ihrem Bernhardiner Bootsmann um
die Ecke und fragt, was man denn hier so treibe? Das
könnte sein. Wie so viele einsame Badestellen an der
Schlei hat die kleine Bucht in Gunneby etwas von den
schwedischen Schären. Den Blick auf das graublaue
Wasser gerichtet, kein Haus weit und breit, die Sonne
im Gesicht, feiner Sand unter den Füßen – und schwimmen kann man hier natürlich auch.

Hat man weniger Glück, steht vielleicht ein Campingbus auf dem Parkplatz, dessen Insassen in Feinripp-Unterhemden den Picknickplatz (frühstückend) sowie die Bank (rauchend) und die beiden Buchten (angelnd) belagern. Nicht ohne sich dabei lautstark von Bank zu Bucht zu Parkplatz zu unterhalten. Dann kann man versuchen, das zu ignorieren, oder wieder wegfahren. Vielleicht ins Lindauer Noor, das liegt um die Ecke. Bei mittelmäßigem Glück macht gerade ein verliebtes Paar ein Picknick in einer der Buchten und man hat die zweite für sich.

Aber oft hat man wirklich großes Glück, denn die Badebucht von Gunneby ist ein Geheimtipp, den nicht allzu viele kennen. Dabei hat der Ort sogar eine eigene Internetseite, auch der „Badestrand in Gunneby" ist hier aufgeführt. Man erfährt unter anderem, dass pünktlich zum Saisonbeginn Sand aufgeschüttet wurde, aber leider noch ein langer Steg ins Wasser fehlt. Gibt es vielleicht jemanden, der Lust hat, ein bisschen Holz zu spenden?

Ferner wird im Internet noch darauf hingewiesen, dass Gunneby klein ist, sehr klein. Genau genommen leben 160 Einwohner hier. Deswegen bleibt es auch nicht unbeobachtet, wenn man mit dem Auto hindurchfährt. Es scheint so, als würde jedes fremde Fahrzeug ganz genau beäugt. Was mich nicht davon abhält, regelmäßig einen kleinen Abstecher hierher zu machen.

Arnis und die Schleiperle
*Die kleinste Stadt Deutschlands und ihr
schwimmendes Restaurant*

Es war so nicht geplant, eigentlich wollte ich direkt zur
Schleiperle, aber jetzt sitze ich in der kleinsten Stadt
Deutschlands auf einem Rasenstück hinter einem
Imbiss und esse ein Krabbenbrötchen. Neben mir trinken zwei Segler ihr Feierabendbier, vor mir schaukeln
ein paar Jachten am Steg, die Wanten klappern im
Wind, das Wasser plätschert leise gegen die Boots-
rümpfe. Geradeaus geht mein Blick auf das himmelblau gestrichene Gebäude der Schleiperle.

Ich hatte die Autofähre von Sundsacker nach Arnis
genommen, die nur wenige Minuten für die Überfahrt
benötigt und von der man schon einen ersten Blick auf
die kleinste Stadt hat. Diese Überfahrt über die Schlei
besteht seit fast 200 Jahren, nämlich seit 1826. Damals
gab es jedoch keinen Fährmann, sondern jeder, der
übersetzen wollte, musste sich selbst mit einem Seil

über das Wasser ziehen oder jemanden bitten, das zu tun. Das ist heute zum Glück anders. Ich gelangte komfortabel motorisiert an den Anleger, ging dann nach links und sah den kleinen bunten Kiosk, knallgelb gestrichen mit rotem Dach, und er wirkte irgendwie einladend. Ich holte mir also ein Getränk, entdeckte die Bierbänke auf der kleinen Wiese dahinter und beschloss, Arnis erstmal auf diese Weise auf mich wirken zu lassen. Nun sitze ich hier und genieße die Ruhe, die Schiffe und die Krabben.

Im Anschluss mache ich einen Rundgang durch die Ministadt mit ihren rund 350 Einwohnern. Vom Kiosk aus folge ich dem Weg weiter Richtung Kirche. Er verläuft genau an der Küstenlinie von Arnis, man kann ihn gar nicht verfehlen. Arnis war im 18. Jahrhundert eine Hochburg des Holzschiffbaus, und auch heute noch besitzt die Stadt drei Werften. Eine davon, die Balticat-Werft, liegt direkt an meinem Weg, der mich schließlich zur Strandhalle bringt. Hier ist es ziemlich voll, und ich bin froh, mein Fischbrötchen bereits woanders verspeist zu haben. Der Weg mündet schließlich an einem Sandstrand, einer offiziell ausgewiesenen Badestelle.

Darf sich die Ministadt deswegen also Bad Arnis nennen? Laut Legende hat sie diesen Zusatz von einem Kaisersohn. Der sollte zur Kur geschickt werden, wollte aber lieber segeln und schlug seinem Vater vor, ihn doch nach „Bad Arnis" zu schicken. Der Kaisersohn reiste nach vier Wochen ab, doch der Zusatz „Bad" blieb offenbar. Laut Arnisser Chronik entstand die Idee, Arnis zu einem Kurort zu machen, aus Verzweiflung über den wirtschaftlichen Niedergang.

In der ersten Hälfte des 19. Jahrhunderts zählte die Stadt mit 1000 Einwohnern und einer Flotte von mehr als 80 Segelschiffen zu den reichsten Orten in Angeln. Von ihr aus wurden Agrarprodukte nach Skandinavien und sogar nach Westindien verschifft. Nach 1864, mit dem Anschluss an Preußen und dem Aufkommen der Dampfschiffe, ging es bergab. Die Segel-Schifffahrt kam mehr und mehr zum Erliegen, und mit ihr alle angeschlossenen Erwerbszweige. Viele Arnisser verließen daraufhin die Stadt, und man war auf neue Erwerbsquellen angewiesen. So kam der Tourismus auf den Plan. Einen ersten Aufschwung brachte unter anderem ein Hamburger namens Heinrich Thedsen, der 1907 den ersten Segelverein in Arnis gründete. Im „ASC" (Arnisser Segelclub) fanden regelmäßig Regatten statt, die viele Schaulustige anlockten.

Doch zurück zu meinem Spaziergang. Von der schon beschriebenen Badestelle führt rechts eine Pforte direkt auf den Friedhof. Mir fällt auf, dass Friedhöfe und das alltägliche Leben an der Schlei oft ganz organisch zusammenhängen. Sei es auf dem Holm, in Sieseby oder eben in Arnis: Stets sind die Friedhöfe mittendrin im Ort und vor allem nah am Wasser. Die alte, efeubewachsene Schifferkirche und der Friedhof sind ein Ort, den es in Arnis zu besuchen lohnt. Die Backsteinkirche wurde von 1669 bis 1673 gebaut, sie sollte eigentlich aus Gotländer Ziegeln errichtet werden. Doch leider sank das Schiff, das die Ladung bringen sollte, sodass es schließlich bei schlichten Backsteinen blieb. Eine Art Wahrzeichen ist der holzverkleidete Glockenturm an der Westseite.

Ich mache gerne einen Rundgang über den Friedhof. Er ist ein weiterer stiller Winkel, der dazu einlädt, einen

Augenblick lang die Ruhe zu genießen. Vom Friedhof führt mich mein Weg weiter durch die Stadt, um genau zu sein, durch die einzige wirkliche Straße, die Arnis hat: die Lange Straße. Die schmucken pittoresken Fachwerkhäuser zu beiden Seiten lassen etwas von Arnis' früherem Reichtum erahnen. Touristenbusse, die in großer Anzahl nach Arnis kommen, haben hier keine Zufahrtserlaubnis, sondern müssen außerhalb der Stadt parken. Gleiches gilt für alle mit dem Auto angereisten Besucher. Somit ist die von Linden gesäumte Lange Straße mit den gut restaurierten Fischerhäuschen aus dem 18. und 19. Jahrhundert sehr ruhig. Und fast ein wenig zu perfekt – aber das ist wohl Geschmackssache.

Um Geschmack geht es auch bei meinem nächsten Ziel, der Schleiperle. Ich folge von der Langen Straße aus dem Schild „Fähre", gelange zurück an den Anleger und besuche Herrn Broderius in seinem himmelblauen, schwimmenden Restaurant.

Wer keine flotte Segeljacht besitzt, muss zu Fuß über den Steg gehen. Sonst kann man anlegen, direkt vor der Tür, denn die Schleiperle liegt mitten auf dem Wasser. Bevor man zum Eingang kommt, passiert man noch die „letzte Hundebar vor dem Fahrwasser". Vor einem Plastiktrinknapf steht eine Flasche Malteser. Hier haben sie Humor. Und kochen können sie auch. Selbst wer nicht in der Schleiperle einkehren möchte, sollte nicht versäumen, einmal ganz hinaus auf den Steg zu gehen und sich dort ein paar Minuten mit baumelnden Beinen ans Wasser zu setzen.

Hans-Werner Broderius und seine Frau Annemarie betreiben das Fischrestaurant seit 1980. Ähnlich wie die Möllers im Schlie-Krog waren sie ihrem Laden

immer treu. Früher war das Holzhaus die Wartehalle
für die Passagiere der Dampfschiffe, die seit 1880 die
Schlei befahren, und befand sich noch direkt am Ufer.
Mitte der 1990er Jahre beschlossen die beiden, das
komplette Gebäude zehn Meter auf die Schlei heraus-
zuziehen, einfach so, weil's nett ist. Zwei Schwimm-
kräne hievten das Haus auf 57 Pfähle. Zudem strichen
sie das ehemals beige Gebäude himmelblau – und fort-
an war die Schleiperle nicht mehr zu übersehen. Nicht
vom Wasser aus und nicht vom Land.

Dass es mitten auf der Schlei liegt, gibt dem kleinen
Restaurant natürlich einen ganz besonderen Reiz. Ein
Tisch draußen auf der Holzterrasse an einem lauen
Sommerabend, und man speist wie am Mittelmeer. Hat
Broderius zufällig sein einer venezianischen Gondel
nachempfundenes Holzmotorboot dort liegen, ist man
gefühlt kurz vor Venedig. Und wenn dann noch ein Seg-
ler direkt bis an den Abendbrottisch vorfährt, ist das
Spektakel perfekt.

Schon allein wegen der Erreichbarkeit auf dem Seeweg ist die Schleiperle ein beliebter Treffpunkt bei
Wassersportlern. Nördlich von Arnis erstreckt sich die
Lange Breite, nach Kappeln ist es nicht weit; westwärts
liegt Lindaunis. Klar, dass an so einem besonderen Ort
auch für den „Landarzt" gedreht wurde. Laut Hans-
Werner Broderius nehmen die immer Tisch 5, das ist
der zweite von rechts auf der Veranda. Heinz Reincke,
der den alten Pastor spielt, kam auch schon mal privat
zum Aal essen. Genauso wie Wayne Carpendale – aber
da, sagt Herr Broderius, war leider alles voll. An schönen Sommertagen sollte man also auf jeden Fall reser-
vieren.

Drinnen im himmelblauen Holzhaus ist es gedie-
gen gemütlich. Rechts steht ein wuchtiger alter Tresen,
auf den Tischen liegen bestickte Deckchen, auf der Karte steht: Fisch, Fisch und noch mal Fisch. Broderius
kocht selbstverständlich selbst, wenn's sein muss auch
mal Fleisch, aber eigentlich gehört sein Herz dem Mee-
restier. Seine Spezialität ist der Schleiaal, in Gelee oder
mit Speck und Butter gebraten. Wenn er vom Aal
spricht, bekommt Broderius glänzende Augen. Wie
Marzipan sei der von innen, unglaublich. Von wo er ihn
bekommt? Von Fiete Föh natürlich. Der Aalkönig aus
Kappeln (s. nächstes Kapitel) ist nämlich ein enger
Freund, und Broderius würde nie woanders seinen
Fisch kaufen. Alle zwei, drei Wochen kommt Fiete Föh
außerdem mit seinem Boot „de' Föh" nach Arnis ge-
segelt, und dann finden hier die „Arnisser Stadtmeis-
terschaften" statt – eine kleine Feierabend-Regatta.
Startschuss 18 Uhr, ab Schleiperle. Man kann sich vorstellen, wo der Abend ausklingt, und auch womit:
„Schleiwasser" heißt der Schnaps, der direkt in Arnis
produziert und in der Schleiperle ausgeschenkt wird.

Fischbrötchen in Kappeln
Fiete Föh ist der Herr der Fische

Dass es bei ihm die besten Fischbrötchen weit und breit gibt, versteht sich von selbst. Man muss nur unten am Ende der Hafenmeile von Kappeln in den Dehnthof einbiegen, dann rechts die steile Treppe hochgehen, und schon ist man da: in dem kleinen Fischladen von Fiete Föh. Schillerlocken, Forelle, Stremellachs, Aal, ein herrlicher Fischduft ... und hinter dem Tresen steht der Chef, der übers ganze Gesicht strahlt. Er trägt ein gestreiftes Fischerhemd und eine blau umrandete, getönte Brille. Der Mann hat seinen eigenen Stil.

Seit Mare-TV einen Beitrag über ihn gesendet hat, ist Fiete Föh sowieso der heimliche Star der Schlei. Kaum sitzt man mit ihm in einem seiner Strandkörbe, kommt ein Gast auf ihn zu: „Sie sind doch der Herr Föh, darf ich mal kurz?", fragt's und zückt seinen Fotoapparat. „Klar", ruft Fiete Föh und zeigt sein bestes Foto-Grinsen.

Das mag der Fischpapst: ein bisschen erkannt werden, ein kleines Foto und 'nen kurzen Schnack.

Wird er „der Gosch" der Ostsee? „Nee, nee", sagt Föh. „Solche Vergleiche lassen wir mal besser." Erneutes Grinsen. Jürgen Gosch ist der Sylter Fischkönig, der sich von einer kleinen Imbissbude am Lister Hafen fast flächendeckend bis nach Süddeutschland vorgearbeitet hat. Föh will nicht weiter expandieren. Er arbeitet getreu dem Motto klein, aber fein.

Aber er muss sich vor den Großen nicht verstecken: Föhs Räucherfisch ist weit über Schleswig-Holstein hinaus bekannt. Der Schauspieler Georg Thomalla hat sich regelmäßig zu Weihnachten welchen schicken lassen, und der ehemalige „Landarzt" Walter Plathe schaute auch oft vorbei. Aber Kappeln ist nicht Kampen, und mehr Platz, um sich mit seinem Geschäft auszubreiten, hat Föh auch nicht. Außerdem ist er der Meinung, dass gute Qualität eine gewisse Überschaubarkeit braucht. Für seine Verhältnisse hat er sich in den letzten Jahren schon ganz schön „breitgemacht", indem er das Nachbargrundstück kaufte und seine „Fisch"-Terrasse eröffnete. Eine große Terrasse mit Tischen, Stühlen und Strandkörben, auf der man von einer gut sortierten Karte Fischgerichte essen kann. Oder auch nur ein Fischbrötchen.

Vielleicht trifft man hier die Schauspielerin Caroline Scholze, die eine Hauptrolle in der Serie „Der Landarzt" spielt. Sie bekannte in einem Interview, dass sie an drehfreien Tagen am liebsten bei Föh auf der Terrasse sitzt. Am besten ist es dort, wenn man einen der blau-weiß gestreiften Strandkörbe ergattert, was zur Mittagszeit in der Saison manchmal schwierig wird.

Aber ein kleines Plätzchen, um in sein Matjesbröt-
chen zu beißen, findet man eigentlich immer. Oder lieber Heilbutt? Krabben? Aal? Schillerlocke? Föhs Fischbrötchen sind einfach unglaublich lecker. Liegt es an
den „garantiert" 50 Gramm Krabben, die mindestens
auf jedes Brötchen kommen? Oder an den historischen
Holzöfen, in denen die Fische geräuchert werden? Föh
räuchert noch mit Echtholz, Buche und Erle aus der
Kappelner Umgebung, nichts anderes, nie. So viel Aufwand ist in der heutigen Zeit eher ungewöhnlich.
Schneller und einfacher sind Gasöfen, wie sie die meisten größeren Räuchereien mittlerweile verwenden.
Aber so etwas kommt Fiete Föh nicht ins Haus. Tradition
ist das Zauberwort, und die ist schließlich stattlich bei
den Föhs. 1911 übernahm der Großvater die Fischräucherei, seitdem ist sie in Familienhand. Mittlerweile ist
auch sein einziger Sohn Matthias eingestiegen; dass seine Frau Ute im Laden mitarbeitet, steht außer Frage.

Der Tag von Fiete Föh beginnt morgens früh um
5 Uhr. Dann werden die schwarzen gusseisernen Öfen
angeschmissen, und während sie aufheizen, wird der
Fisch gewaschen und entschuppt. Rund zehn Angestellte sind damit beschäftigt, teilweise arbeiten sie schon
jahrzehntelang hier. Auf lange Eisenspieße gespickt,
werden die Fische dann in die Öfen gehängt. Das glei-
che Ritual, jeden Morgen, seit bald hundert Jahren. Wie
lange die Fische im Ofen bleiben? Offiziell circa eine
Stunde, aber inoffiziell ist alles Gefühlssache! Und
wenn Fiete Föh und seine Mitarbeiter etwas wirklich im
Gefühl haben, dann zweifellos, wann der Fisch gut ist.

Ganz besonders liebt Föh den Aal. Unverkennbar
steht deswegen auch A-A-L auf seinen drei backsteiner-

nen Räucherofenschornsteinen, die hoch hinaus in den Himmel ragen. Aal ist hier die Delikatesse. Wenn der Räucherpapst anfängt, darüber zu sprechen, ist das eine Liebeserklärung vom Feinsten. Der perfekte Aal darf nicht zu dick sein, sollte zwischen 300 und 600 Gramm wiegen und ist, wenn er aus der Schlei kommt, „zart wie Butter". Leider kommen Aale immer seltener aus der Schlei, denn meistens werden sie weggefangen, bevor sie ihre Reise hierhergeführt hat. Dennoch: Wer je bei Föh vorbeikommt, sollte einen mitnehmen oder zumindest ein Aalbrötchen essen.

Und was macht der Mann, wenn er nicht in seinem Laden zugange ist? Hat auch er einen ganz privaten stillen Winkel? Einen Platz, an dem er abschaltet? „Ja", sagt Fiete Föh, „dann nehme ich mein Segelboot und fahre hinaus aufs Wasser. Am liebsten nach Karschau." Das ist ein winziger Ort in der Nähe von Arnis bei Grödersby. Dort ankert er dann, was am besten bei Ostwind geht, und hängt, nach eigenen Worten, „ein bisschen ab". Auf dem Vordeck, mit Kaffee und Kuchen – und mit Ute, seiner Frau. Manchmal segelt er auch nach Arnis zur Schleiperle, zu seinem Freund Broderius. Viel Zeit dazu hat Fiete Föh nicht, aber er sieht so unglaublich gut gelaunt aus, dass man ihm glaubt, dass er alles genau richtigmacht. Vielleicht liegt das aber auch einfach an seinem Motto: Lebe immer wie ein König, sonst tun's die Erben!

Natürlich besteht Kappeln nicht nur aus Föhs Fischladen, auch wenn man seine drei A-A-L-Schornsteine durchaus als Wahrzeichen der Stadt bezeichnen kann. Kappeln, das urkundlich erstmals 1357 erwähnt wurde, ist heute mit rund 10 000 Einwohnern die zweit-

größte Schleistadt hinter Schleswig, und für mich zum
einen immer das untrügliche Zeichen, bald am Ziel
angekommen zu sein, und überdies ein netter Platz
zum Einkaufen und Bummeln. Außerdem gibt es hier
die berühmte Amanda-Mühle, eine der ältesten Hollän-
dermühlen in Schleswig-Holstein, die schöne Barock-
kirche mit dem kupfergrünen Turm, von deren Vor-
platz man einen tollen Blick auf die Schlei hat, eine
überschaubare, aber lohnenswerte Einkaufsstraße –
und natürlich den Hafen.

Um Kappeln zu besichtigen, sollte man entweder
direkt unten am Hafen parken oder aber gegenüber
dem Rathaus, auf einem großen öffentlichen Parkplatz. Wenn man von der B 203 kommt, folgt man am
besten den Schildern Richtung Zentrum und stellt erst
einmal sein Auto ab. Das Stadtzentrum von Kappeln ist
zum Glück weitestgehend autofrei. Zum Hafen gelangt
man automatisch, wenn man die Schmiedestraße bis
zum Ende hinuntergeht.

Leider hat sich das EU-bedingte Verschwinden der
Duty-Free-Butterfahrten auch auf Kappeln und den
Betrieb am Hafen negativ ausgewirkt. Dennoch haben
an der Mole nach wie vor zwei große Touristendampfer
ihre Ausgangsbasis. Von hier aus starten mehrmals täglich die „Schlei-Princess" und die „MS Stadt Kappeln",
mit denen sich die Förde entweder bis zur Mündung
oder westwärts nach Schleswig erkunden lässt. Neben
den Anlegern für die größeren Pötte befinden sich die
Liegeplätze für Freizeitsegler. Genau hier, ungefähr
unterhalb der Zufahrt zu Fiete Föhs Laden, sitze ich gerne auf der kleinen, neu errichteten Kaimauer. Ich beobachte das bunte Treiben auf dem Wasser, schnittige

Segeljachten, die vorbeiziehen, und die mehr oder weniger gelungenen Anlegeversuche der Hobbykapitäne.

Außerdem hat man von hier aus einen Blick auf eine historische Besonderheit: die alten Heringszäune auf der gegenüberliegenden Seite. Was auf den ersten Blick aussieht wie zufällig aus dem Wasser ragende Buhnenreste, stammt aus dem 15. Jahrhundert und ist der letzte funktionierende Heringszaun in ganz Europa. Die aus Pfählen und Strauchwerk errichteten Zäune wurden in spitzen Winkeln zickzackartig angelegt und endeten in Reusen. Früher standen vierzig solcher Zäune an verschiedenen Stellen der Schlei, sie waren größtenteils Eigentum stattlicher Güter wie z.B. Buckhagen, Oehe oder Roest (nahe Kappeln). Wenn im Frühling die Fischschwärme zum Laichen aus der Ostsee in die Förde kamen, verfingen sie sich in den geflochtenen Weidenreusen.

Die gesamte Kappelner Hafenmeile ist vor ein paar Jahren erneuert worden, und in diesem Zusammenhang wurde auch die alte Drehbrücke ersetzt. Sie stammte von 1927, war aus Stahl und etwas altersschwach. Das neue weiße Monstrum, das jetzt die beiden Schleiufer verbindet, ist zwar nicht hübscher, hat aber je Fahrbahn zwei Spuren, und das bedeutet, dass es besonders im Sommer nicht mehr zu langen Wartezeiten vor der Brücke kommt. Und jeder Wochenendfahrer, der dem Freitagabendstau der Autobahn A7 entkommen ist, weiß das sehr zu schätzen. Ein Spektakel von früher bleibt allerdings allen erhalten: Jeweils 15 Minuten vor der vollen Stunde werden die Brückenteile hochgeklappt, damit die Segelschiffe durchfahren können – und die Autos müssen geduldig warten.

Die Kirche in Maasholm und der Strand bei Schleimünde

Das Segler-Eldorado nahe der Ostsee

Man nimmt sie kaum wahr. Vielleicht weil sie so versteckt in einer Seitenstraße liegt und die meisten Besucher als Erstes direkt nach vorne zur Fischbrötchenbude streben. Dabei ist die kleine Petri-Kirche in Maasholm einer der romantischsten Orte, die man an der Schlei finden kann. Ein gemütliches kleines Kirchenwohnzimmer: Ganze sieben Stuhlreihen haben Platz, 45 Sitzplätze gibt es insgesamt, und von der hölzernen Decke baumelt ein Schiff. Der Boden ist wohnlich mit Parkett belegt, denn der Raum dient gleichzeitig als Gemeindesaal.

Die Minikirche mit dem roten Dach liegt ein bisschen erhöht in der Westerstraße, und wenn man vor ihrem Portal steht, hat man einen tollen Blick über das Wormshöfter Noor und die Ländereien des Gutes Buckhagen in Richtung Kappeln. Über eine Treppe vor dem

Hauptportal gelangt man geradewegs ans Westufer
und an die historischen Liegebuchten der Fischerboote. Ähnlich wie auf dem Holm findet man hier die mit
Holz eingefassten „Landungsbrücken", an denen die
kleinen Holzboote vertäut wurden. Die Fischerei hatte
auch in Maasholm eine lange Tradition, hier lebten bis
in die zweite Hälfte des 20. Jahrhunderts fast ausschließlich Fischer. Heute sind in den kleinen Anlege-
buchten bis auf ein, zwei Fischkutter lediglich Sport-
oder Ruderboote vertäut. Der Fischfang ist, wie überall
an der Schlei, rückläufig, und wenn von Maasholm aus
noch gefischt wird, dann mit großen Kuttern auf der
Ostsee. Die Maasholmer leben inzwischen hauptsächlich vom Tourismus und dem großen Jachthafen.

Dort vorne am Hafen spielt sich auch das Leben ab.
Der Ort selbst besteht aus nur drei größeren Straßen,
die immer ein bisschen verschlafen wirken. Sie sind
von kleinen, niedrigen Häusern gesäumt, die durchaus
Holm-Qualitäten hätten. Leider haben die Bausünden
der 1960er Jahre, etwa verkleidete Fassaden oder große
Panoramafenster, teilweise ihre Spuren hinterlassen.
In der Hauptstraße gibt es allerdings einen Kauf-
mannsladen, der sich zu besuchen lohnt, weil man so
einen nur noch selten in den kleinen Schleidörfern findet. Auch wenn inzwischen eine lokale Kette das
Geschäft übernommen hat, ist dies eins der wenigen
Geschäfte, in denen man von der Batterie über Strand-
spielzeug und frische Brötchen bis hin zum Lotto-
schein alles bekommt. Während in vielen anderen Ort-
schaften derartige Läden schließen mussten, weil sie
durch große Supermarktketten verdrängt wurden,
scheint es hier noch Nachfrage zu geben.

Folgt man von der Kirche am Westufer aus dem deutlich ausgeschilderten Spazierweg „de Maas rund" in Richtung Osten, landet man zwangsläufig am eigentlichen Zentrum von Maasholm: dem Sportboothafen. Bis zu 450 Boote haben in der modernen Anlage Platz. Entsprechend mitgewachsen sind Läden für Segelzubehör und das Werftgeschäft. Maasholm ist als Liegeplatz sehr beliebt, denn der Weg aufs Meer ist kurz, und für die Ostsee-Heimkehrer ist es ein praktisch gelegener Anlaufplatz zum Auftanken und Aufklaren. Auch wenn meistens viel los ist, mag ich die Stimmung hier. Sie hat immer etwas von Urlaub und Aufbruch. Das Klappern der Wanten im Wind, die geschäftigen Menschen, die mit kleinen Handwagen ihr Gepäck zu den Booten bringen, die An- und Ablegemanöver, das große Hallo, wenn einlaufende Segler ein paar Bekannte entdecken, oder das Schnattern in den Cockpits, wenn die Feierabendbiere geöffnet werden.

Vom Deich an der Ostseite des Hafens führt übrigens ein Spazierweg direkt am Wasser in Richtung Oehe, von dem aus man einen tollen Blick Richtung Schleimünde hat. In regelmäßigen Abständen stehen hier Bänke, auf denen es sich rasten und weit gucken lässt. Eine dieser Bänke war übrigens der Lieblingsplatz der ehemaligen „Landarzt-Oma" Olga Matthiesen, gespielt von Antje Weisgerber, und daher ein frequentierter Drehort des Fernsehteams.

Von diesem Deich aus blickt man direkt auf die Lotseninsel, das letzte Stückchen Festland vor der Ostsee. Hier mündet die Schlei ins weite Meer. Das Besondere an dieser Landzunge ist, dass man sie nur über den Wasserweg erreichen kann. Wer einmal wirklich grenzenlose Weite sucht, sollte hierher entfliehen, an den Ostseestrand. Ich sitze hier, rechts ein Heckenrosenmeer, vor mir weißer Sand. Davor nichts als hellgrünes Wasser und die vage Ahnung, dass dort drüben Dänemark beginnt, genau genommen die dänische Insel Ærø. Nördlich von mir erstreckt sich das Vogelschutzgebiet Oehe-Schleimünde, geradeaus blicke ich auf den schwarz-weiß gestreiften Leuchtturm, der auf der nördlichen Seite den Eingang zur Schlei markiert. Kein anderer Leuchtturm wechselte wohl so oft die Farbe wie dieser hier. Erst war er gelb, ab 1890 dunkelgrau, nach 1910 hellgrau, dann wieder gelb, dann ab 1920 schachbrettartig rot-weiß gewürfelt, anschließend schwarz-weiß gewürfelt, und jetzt ist er gestreift – und wird es wohl auch erstmal bleiben.

Auf der anderen, südlichen Uferseite befindet sich ein Baumtrio, das aussieht, als würde es aus dem Wasser wachsen. Es liegt jedoch auf einer ganz flachen Landzunge, die weit bis an die Schleimündung hinausragt. Schleimünde ist im Vergleich zu der Breite, die die Schlei vor Maasholm hat, unverhältnismäßig schmal – nämlich ganze 150 Meter. Erst im 18. Jahrhundert wurde überhaupt ein Durchgang an dieser Stelle geschaffen, indem man den Nehrungshaken durchbrach. Die ursprüngliche Öffnung lag viel weiter nördlich und war längst versandet. Als Segler muss man schon genau Kurs halten, um die schmale Mündung zu treffen.

Ich bin vor vielen Jahren mit einer kleinen Jolle vom Typ Zugvogel dort hinausgesegelt, um über den Nord-Ostsee-Kanal nach Hamburg zu gelangen. Das war ein sportliches Unterfangen und ein bisschen so, wie aus einem behaglichen Garten hinauszugehen auf eine laute Straße. Auf der Ostsee schlagen die Wellen deutlich höher, und der Wind weht wesentlich stärker als in der relativ geschützten Schlei. Auch wenn einem die oftmals aufgewühlte Breite vor Maasholm schon einen Vorgeschmack gibt auf das, was einen draußen auf offener See erwartet ...

Wer zurückkommt von seinem Segeltörn, macht gerne einen ersten Stopp an der sogenannten „Giftbude" in Schleimünde. Jeder Segler kennt diese exponierte Kneipe auf der Mole der Lotseninsel. Um ihren Namen ranken sich übrigens drei verschiedene Geschichten. Die erste lautet: Auf dem einst viel befahrenen Seeweg mussten Abgaben gemacht werden, so auch an die Giftbude (hergeleitet vom englischen „gift", Geschenk). Die zweite Geschichte ist ähnlich, aber leitet sich aus dem Plattdeutschen ab: Schiffer konnten sich an der Bude mit Lebensmitteln versorgen, und so bekam sie in Anlehnung an das plattdeutsche „Da givt dat wat" ihren Namen. Mir gefällt die dritte Variante, die mit der wütenden Ehefrau, die ihren Mann nach seiner Rückkehr aus der Lokalität beschimpfte: „In diese Giftbude gehst du mir nicht mehr!"

Wie auch immer die Legende lauten mag: Ich finde den Namen Giftbude für eine Seglerkneipe am gefühlten Ende der Welt ausgesprochen passend – und habe immer schon intuitiv geglaubt, dass mit „Gift" nur promillehaltige Getränke gemeint sein können. Bestätigt wird diese Annahme durch eine äußerst umfangreiche Schnapskarte. Es gibt aber auch kleine Speisen, zum Beispiel Scholle, Sauerfleisch oder Würstchen; und es gibt selbsteingelegten Rollmops oder auf Vorbestellung morgens frische Brötchen für die Segler. Die paar Liegeplätze in Schleimünde sind nämlich im Sommer sehr beliebt.

Aber wie kommt man nun eigentlich zur Giftbude ohne eigenes Boot? Am besten mit Juliane Sebode und ihrem Dampfer „MS Stadt Kappeln". Frau Sebode ist Kapitänin auf ihrem eigenen Ausflugsschiff und fährt zur See, seit sie neunzehn ist. Heute ist sie fast fünfzig und als „Frau am Steuer" ein Unikum. Der weiße Dampfer fährt zweimal am Tag von Kappeln nach Schleimünde. Vorbei an Grauhöft, Rabelsund und dem Mastenmeer von Maasholm. Hier macht sie einen kurzen Stopp und sammelt bei Bedarf weitere Passagiere ein. Nach einem kurzen Plausch mit den Jungs vom Seenotrettungskreuzer, auf dem die Kapitänin auch noch regelmäßig mitfährt, nimmt Juliane Sebode Kurs auf Schleimünde. Wenn man Glück hat, dreht sie noch einmal kurz raus auf die Ostsee. Dann, wenn der Anleger besetzt ist. Dieser Anblick von der Seeseite auf die Schleimündung ist ein seltener Genuss. Wer mit der „MS Stadt Kappeln" anlandet, hat anschließend zwei Möglichkeiten: Er kann nach einer halben Stunde wieder mit zurückfahren, oder einfach auf die nächste Tour warten. Und sich erstmal ganz in Ruhe an den weißen Ostseestrand setzen. So wie ich.

Die Bucht bei Bienebek
Zu Besuch bei der Herzogin zu Schleswig-Holstein-Sonderburg-Glücksburg

Selten habe ich einen eindringlicheren Abendhimmel gesehen als in der kleinen Sandbucht von Bienebek. In ein sattes Himbeerrot hinein versank die Sonne auf der gegenüberliegenden Uferseite. Die Herzogin zu Schleswig-Holstein kann das nur bestätigen. Und ein herzoglich bestätigter stiller Winkel ist ja quasi geadelt. Warum das so ist mit dem grandiosen Abendrot in Bienebek? Vielleicht hat die Sonne hier den optimalen Einfallwinkel. Vielleicht ist die Schlei hier besonders energetisch. Vielleicht hatte ich aber auch einfach nur Glück, und alle Zutaten passten für einen 1-a-Sonnenuntergang.

Die kleine Bucht liegt einen 15-Minuten-Spaziergang vom Dorf Sieseby entfernt. Kurz davor befindet sich ein wunderschönes Herrenhaus mit 300 Jahre alter Geschichte: Gut Bienebek, benannt nach dem kleinen Flüsschen, das an dieser Stelle in die Schlei mündet. Um hierherzugelangen, geht man die Hauptstraße in Sieseby bis zum Wasser hinunter und biegt dann nach rechts, also Richtung Osten ab. Hier führt ein Weg nach Bienebek, der zwar teilbetoniert, aber ausschließlich für Fußgänger und Radfahrer gedacht ist. Vor vielen Jahren noch wirklich geheim, ist die Strecke mittlerweile gerade bei Radlern sehr beliebt. Zu Recht, denn der Weg ist in gutem Zustand und läuft die ganze Zeit direkt am Wasser entlang.

Gut Bienebek, das schließlich an der rechten Seite auftaucht, gehört der herzoglichen Familie zu Schleswig-Holstein-Sonderburg-Glücksburg. „Sie können ja mal klingeln", hatte Frau Möller, die Wirtin vom Schlie-Krog, lachend gesagt, als ich mich dort verabschiedete. Natürlich bin ich zu gut erzogen und werde nicht einfach bei Herzogens klingeln. Aber während ich gegenüber vom Gut eine der schönsten Sandbuchten an der Schlei entdecke, wird mir klar, dass ich die Herzogin treffen muss, wenn ich noch mehr über diese Ecke und die Geschichte des Guts erfahren will.

Die Familie Schleswig-Holstein-Sonderburg-Glücksburg stammt aus einer Nebenlinie des Hauses Oldenburg, und die Oldenburger stellten mit Christian I. im Jahr 1460 den ersten Herzog von Schleswig-Holstein. Sie ist also historisch tief verwurzelt an der Schlei und hat verwandtschaftliche Beziehungen zu den englischen, spanischen, griechischen und norwegischen Königshäusern.

Schließlich sitze ich an einem sonnigen Herbsttag zum Kaffee im Wohnzimmer von Gut Bienebek. In einem der vielen Wohnzimmer, um korrekt zu sein.

Vor mir Pflaumenkuchen mit Sahne, zu meiner Rechten Marie-Alix zu Schleswig-Holstein-Sonderburg-Glücksburg, lilafarbenes Kostüm, schlanke Silhouette, 86 Jahre alt, mit der Ausstrahlung einer Frau in den Fünfzigern. Bis vor drei Jahren ist sie noch täglich geritten, aber das haben ihre vier Kinder ihr dann „verboten", wie sie sagt. Ein bisschen hat sie es nach einem Sturz vom Pferd auch selbst eingesehen – wenn auch schweren Herzens.

Dafür hat sie jetzt einen Hund. „Das erste Mal zu Fuß übers Stoppelfeld zu gehen anstatt zu reiten war nicht schön", schmunzelt die alte Dame. Aber raus muss sie, jeden Tag. Und aufs Landleben an sich verzichtet sie sowieso nur ungern länger als drei Tage. Dabei verbrachte die Herzogin ihre Kindheit und Jugend vorwiegend in den Metropolen dieser Welt. Marie-Alix zu Schleswig-Holstein ist von Haus aus eine Prinzessin zu Schaumburg-Lippe und wurde auf Schloss Bückeburg im heutigen Niedersachsen geboren. Als Diplomatentochter verließ sie jedoch recht bald Deutschland und wuchs in verschiedenen Hauptstädten Europas und Südamerikas auf. In Rio de Janeiro und Buenos Aires hat sie einen Großteil ihrer Jugend verbracht. Aber wirklich verwachsen ist sie mit der Schlei.

Nach dem Zweiten Weltkrieg kam die Prinzessin zu Verwandten nach Schleswig-Holstein. Dort lernte sie Prinz Peter zu Schleswig-Holstein kennen, ihren Zukünftigen, den späteren Herzog, und blieb. Sie war jung, sie war verliebt, alles passte. „Das war ein kurzer Prozess", kommentiert die Herzogin und lacht. Dabei gab es zunächst nicht mal ein Zimmer, in dem die

Frischvermählten ihr gemeinsames Leben beginnen konnten. Alle Güter der herzoglichen Familie waren mit Kriegsflüchtlingen besetzt. Lediglich auf dem Hof von Louisenlund bei Fleckeby, dem heutigen Internat, konnte zwischen Weizen und Ratten eine Kammer geräumt werden.

Relativ bald nach der Hochzeit der beiden, im Jahr 1949, gründete Friedrich Herzog zu Schleswig-Holstein, der 1965 verstorbene Schwiegervater der Herzogin, die „Stiftung Louisenlund zur Bildung und Erziehung junger Menschen" und legte damit den Grundstein für das Internat, von dem in einem späteren Kapitel noch zu lesen sein wird. Peter und Marie-Alix engagierten sich mit den Eltern in der Stiftung und blieben zunächst auch auf Louisenlund. Zwei Jahre später zogen sie dann in ihr erstes gemeinsames Heim nach Bienebek. Auf dem Gut betrieb Peter Herzog zu Schleswig-Holstein bis zu seinem Tod im Jahr 1980 Landwirtschaft. Hier wuchsen auch die vier Kinder des Paares auf. Die jüngste Tochter, Ingeborg zu Schleswig-Holstein, lebt heute in Hamburg und hat sich einen Namen als Künstlerin gemacht.

Louisenlund ist der Herzogin für immer ans Herz gewachsen, aber sie engagiert sich trotz ihres hohen Alters nicht nur dort, sondern auch beim Roten Kreuz in Schleswig-Holstein, dessen Vizepräsidentin sie jahrelang war. Wenn man mit ihr bei Kaffee und Kuchen sitzt, hat sie viel zu erzählen. 86 Jahre gelebtes Leben. Beeindruckende Geschichten von Hilfseinsätzen im jetzt russischen Ostpreußen, von viel Elend, aber auch von großen Erfolgen. Der Rotkreuz-Gedanke lebt auf Louisenlund weiter, indem sich die Schüler dort inten-

siv bei Hilfsprojekten engagieren müssen. Der Herzogin ist es ein Herzensanliegen, dass die jungen Menschen, die aus meist gut situierten Elternhäusern kommen, auch wirkliches Elend erleben und sehen, dass
man etwas bewegen kann – und vor allem spüren, wie
viel man dafür zurückbekommt. „Erst dann", ist die
Herzogin überzeugt, „haben sie eine Leitplanke fürs
Leben."

Leitplanken gibt es auf Bienebek nicht, sondern nur
weiße Steine, die akkurat das Rasenrondeel vor dem
Wohnhaus säumen. Dass dies nicht nur ein hübscher,
sondern auch ein historischer Ort ist, verdankt er aber
nicht allein der herzoglichen Geschichte. Bereits die
Wikinger haben hier ihre Spuren hinterlassen. Eines
Tages, es muss so in den 1960er Jahren gewesen sein,
kam ein Mitarbeiter des Guts mit dem Frontlader auf
den Hof gefahren, darauf eine Art verzierter Steig-
bügel. Die Herzogin rief sofort im Archäologischen
Museum in Gottorf an: „Ich glaube, ich habe ein Bonbon für Sie!"

„Das ist kein Bonbon, das ist ein Praliné", antwortete
die Delegation des Museums, die zur Begutachtung
nach Bienebek gekommen war. Bei dem zufälligen Fund
handelte es sich nämlich um Ingredienzen eines Wikin-
gergrabs von 800 nach Christi. Acht ganze Jahre buddel-
ten die Archäologen letztendlich auf dem Acker –
immer nach der Erntesaison, denn die Landwirtschaft
musste schließlich weitergehen. Dann endlich war alles
geborgen, inklusive einem Topf mit Leinsamen, den der
Tote auf seine letzte Reise mitbekommen hatte.

Heute ist es im Vergleich zu früher weitestgehend
ruhig auf Gut Bienebek. Es sei denn, es kommen mal

ein paar ehemalige Internatsschüler, sogenannte „Alt-
louisenlunder" vorbei, um die Herzogin zum Fisch-
essen auszuführen, oder einige Schüler, die sie zu
gesellschaftspolitischen Themen löchern wollen. Vor
Kurzem standen ehemalige Schüler mit Oldtimer-Trak-
toren vor der Tür. Sie hatten einen Traktorclub gegründet und wollten mit den alten Dingern spontan bei der
Herzogin vorbeigucken. Die genießt all das sehr und
schmunzelt fröhlich, wenn sie davon erzählt. Was sie
dagegen gar nicht mag, sind fremde Menschen, die einfach auf den Hof fahren, klingeln und sagen, sie wollten mal ein paar echte Herzöge sehen. Aber auch das
kommt leider vor.

Die Seebrücke in Sieseby
Weitblick, Wind und viel Energie

Wenn Renate Möller Kraft tanken will, geht sie hinunter ans Wasser und bis ans Ende vom Steg. Stellt sich in den Wind und guckt auf die tanzenden Wellen. Meistens ist sie hier alleine, obwohl Sportboote anlegen dürfen und im Sommer sogar der Schleidampfer auf seinem Weg von Schleswig hier hält. Trotzdem ist der Ort ruhig. Und sehr speziell. Warum nur zieht einen das Wasser immer so an? „Die Schlei ist energetisch", sagt Frau Möller, „ein Magnet."

So viel Spiritualität traut man der handfesten Norddeutschen gar nicht zu. Aber wenn man sich die resolute Restaurantchefin anguckt, muss man ihr recht geben. Sie scheint Energie für zwei zu haben, auch wenn sie für Auftankpausen auf dem Steg nicht oft Zeit hat. Denn das Restaurant Schlie-Krog, das sie zusammen mit ihrem Mann Peter betreibt, brummt. Und das seit über 25 Jahren. Insgesamt arbeiten die Möllers schon vierzig Jahre zusammen. Beide sind aus Schleswig, und die Gastronomie war laut Frau Möller „genetisch vorprogrammiert". Dann haben sie sich quer durch Norddeutschland gekocht, bis sie im Schlie-Krog ihre gastronomische Heimat fanden.

Das Restaurant befindet sich in dem ehemaligen Pastorat des wohl ebenmäßigsten Schleidorfs. In Sieseby ist alles wie gemalt und sehr romantisch. Eine kleine, heile Welt. Die Bäume, die Heckenrosen, das Schilf am Ufer und natürlich die alten, schön restaurierten Fachwerkhäuser. Was daran liegt, dass das ganze Dorf der herzoglichen Familie gehört, unter Denkmalschutz steht, und das bedeutet, dass hier keine einzige Lampe ohne Absprache ausgewechselt werden darf. Dafür kommen aber die Herzogin oder ihr Sohn, der Prinz von Schleswig-Holstein, auch gerne mal zum Essen zu den Möllers. Außerdem zieht Sieseby mittlerweile mehr und mehr illustre Zweitwohnungsbesitzer aus Hamburg und Berlin an. Und auch das „Landarzt"-Team dreht hier regelmäßig. Was gut ist für die Möllers.

Aber wie lebt und arbeitet man vier Jahrzehnte tagtäglich zusammen? Liegt es daran, dass sie ihren Mann schlichtweg „Herr Möller" oder einfach den „Chef" nennt? Was ja ein bisschen kokett ist, denn auch wenn Peter Möller in der Küche das Zepter in der Hand hält: Im Gastraum ist Renate Möller die Frontfrau. Es ist wohl letztlich wie so oft die Leidenschaft. Füreinander, für den Beruf – und natürlich für die Schlei.

Zum Schlie-Krog kamen die beiden durch Zufall. „Schuld war ein dummes Tresengespräch in Damp", sagt Frau Möller. Dort betrieben sie damals ein Restaurant und erfuhren, dass der Schlie-Krog zu haben sei. Als sie dann 1983 das alte traumhafte Friesenhaus pachteten, war Schleswig-Holstein noch weitgehend kulinarisches Brachland. Bratkartoffeln, Sauerfleisch, saure Heringe – bloß nichts Verrücktes auf die Karte! Die Möllers hielten sich dran, schließlich wollten sie die Stammkundschaft nicht vergraulen.

„Wir haben mit einem Bratkartoffelverhältnis angefangen", kommentiert Peter Möller trocken den Beginn ihrer Schlie-Krog-Ära. Doch nach drei, vier Jahren wurde es ihnen langweilig mit der Hausmannskost. Und Peter Möller wagte sich, inspiriert auch durch einige Segelgäste aus Hamburg, die immer mal wieder einkehrten, nach vorne. Kochte beispielsweise Kalbsfilet mit Spitzmorcheln oder Steinbutt mit Pfifferlingen. Was heute nach solidem Angebot klingt, waren damals verwegene kulinarische Ausbrüche, die die Gäste – vor allem die Einheimischen – nicht ohne Weiteres goutierten. Es war eine harte Zeit. „Jetzt dreht er durch", dachten die und blieben weg.

Vom Durchdrehen war und ist Peter Möller weit entfernt. Ruhig und mit feinem Humor erzählt er aus den Anfangsjahren, in denen sich dann zumindest in Hamburg schnell herumgesprochen hatte, dass da in Sieseby einer wirklich kochen kann. Vor allem Fisch. Selbst der Sternekoch Johannes King vom Söl'ring Hof auf Sylt bezeichnete jüngst das Restaurant der Möllers als sein Lieblingsrestaurant, wegen der „hervorragenden Fischgerichte". Einen Stern wollten sie Peter Möller sogar irgendwann verpassen. Aber da sagte der Chef Nein. Er hat keine Lust auf einen Sternebetrieb und den ganzen Firlefanz. Das beschert ihm unnötigen Aufwand und passt nicht hierhin.

Jetzt gibt es nur ein Problem: das Aufhören. Wie kann man das loslassen, was einem 25 Jahre lang ans Herz gewachsen ist? Was praktisch das Herz selber ist? Die Möllers wissen noch nicht wie, aber sie wissen, dass sie irgendwann mal durchatmen wollen. Und zwar nicht nur auf dem wunderschönen Steg am Wasser, sondern in ihrem eigenen Haus in Lindaunis – mit Schleiblick, versteht sich.

Wenn man im Schlie-Krog gut gegessen hat, bietet sich ein kleiner Spaziergang über den Friedhof an. Direkt neben dem Restaurant, das früher wie gesagt das Pastoratsgebäude war, ist der Eingang. Die alte Feldsteinkirche von Sieseby wurde erstmals um 1200 urkundlich erwähnt und vereint Spuren von Romanik bis zum Barock. Was die wenigsten wissen: Nicht unweit der Kirche liegt der Schriftsteller Jurek Becker begraben. Er wurde unter anderem bekannt durch den Roman „Jakob der Lügner" und durch Drehbücher für Erfolgsserien im Fernsehen wie „Liebling Kreuzberg". Becker hat seine letzten Lebensjahre hier an der Schlei verbracht. Zu seiner Beerdigung 1997 kamen unter anderem sein Verleger Siegfried Unseld und Liebling-Kreuzberg-Hauptdarsteller Manfred Krug.

Jurek Beckers Grab ist allerdings nicht ganz einfach zu finden, denn es liegt nicht direkt am Weg. Wenn man durch die Friedhofspforte tritt und links an der Kirche vorbeigeht, sich bei Erreichen des Kirchenportals wieder links hält und quer über die Wiese marschiert, kommt man ungefähr an die richtige Stelle. Der Grabstein ist ein unscheinbarer, dunkelgrauer

Findling, man erkennt ihn an den kleinen Steintürm-
chen, die Besucher nach jüdischer Tradition auf ihm
gestapelt haben.

Verlässt man den Friedhof anschließend über die
Allee durch den Nebenausgang Richtung Norden und
somit Richtung Schlei, kann man noch einen kleinen
Rundgang durch den hinteren Teil Siesebys machen.
Hier liegt in der Nähe der früheren Schule das ehemalige Wohnhaus Jurek Beckers. Wer allerdings Reet-
romantik erwartet, wird enttäuscht. Becker wohnte im
schlichten Sechziger-Jahre-Stil – allerdings mit sensa-
tionellem Schleiblick.

Café Grünlund
Ein Stück selbstgemachte Torte in Bullerbü

Was macht man, wenn man sich vor lauter schönen Ecken nicht entscheiden kann? Vielleicht setzt man sich einfach mitten auf den Hof. Oder doch lieber hinten an den kleinen Teich? In den Strandkorb auf der Holzterrasse? Oder vor das kleine rote Schweden-Holzhaus? Nein, man nimmt einfach sein Tablett, denn in Grünlund ist Selbstbedienung, und läuft hinüber auf die große Wiese. Hier lässt man sich ins Gras fallen, genießt den weiten Blick in die Schwansener Hügellandschaft, die bekannt ist für ihre großen Felder und ihre unendliche Weite. Man nimmt einen großen Bissen von der hervorragenden Eierlikörtorte, und vielleicht ist Pepe, der zahme weiße Erpel, ja auch da. Der sollte schon öfter mal „vermählt" werden, aber Pepe ist eigen, ließ jedes ihm zugedachte Weibchen abblitzen und schnattert lieber um die Gäste herum.

Grünlund liegt auf halbem Weg zwischen Eckernförde und Kappeln und ist eine lose Gruppierung von vier vereinzelten Häusern, zu denen auch der Hof gehört, den die Wüllners erworben haben. Das alte backsteinerne Fachwerkhaus war ein heruntergekommener Bauernhof mit 1,8 Hektar Land drumherum. Heute ist es eine Welt für sich. Ein kleines romantisches Bullerbü.

Wenn man den Hof mit dem weitläufigen Garten betritt, tun sich ganz viele kleine Parallelwelten auf. Ein Universum, das sich Birgitt Wüllner und ihr Mann Hans vor vielen Jahren angefangen haben zu schaffen. Sie entdeckten die Immobilie in einem Bauernblatt, und als sie die alte Hofstelle 1989 kauften, war das Haus marode und das Ackerland unbewirtschaftet. „Wir haben quasi fünfzehn Jahre auf einer Baustelle gelebt", sagt Hans Wüllner, der alles in Eigenarbeit renovierte. Wobei „renovieren" schon eher untertrieben ist. Vom Haus blieb nichts stehen außer den Mauern und dem Dachstuhl. Die Wüllners legten das Land rundherum neu an, pflanzten 5000 Sträucher und Bäume und schufen einen Garten, der – obwohl neu angelegt – wirkt, als wäre er schon immer da. Das Geheimrezept: lauter kleine versteckte Ecken und Fluchten.

Aber wie kommen zwei Menschen, die vorher nichts mit Gastronomie zu tun hatten (er war Schornsteinfeger, sie Städteplanerin) dazu, im äußersten Winkel Schleswig-Holsteins ein Café zu eröffnen? Die Wüllners lebten seit 1982 zunächst südlich von Kiel. Was sie an der Schlei suchten, war Ruhe und ein gemeinsames Projekt. Sie waren beide vierzig und wollten noch mal was Neues machen, noch mal durchstarten – und das vor allem zusammen. Birgitt Wüllner hat immer von einem Café geträumt, Hans Wüllner davon, mit Holz zu arbeiten. Heute schnitzt er Skulpturen, und sie backt Kuchen. Glücklich? Oh ja, sehr. „Ich wollte immer genau so leben", schwärmt Birgitt Wüllner – und Städte zum Planen gibt's ja hier sowieso kaum. „Städte, dat hep wi hier nich so", antwortete ihr der Mitarbeiter beim Arbeitsamt, als sie sich nach ihrer Ankunft dort vorstellte. Birgitt Wüllner lacht herzlich. Aber der Mann hatte definitiv recht.

Und Hans Wüllner, seit einem Herzinfarkt mit 52 Jahren in Frührente gegangen, entdeckt sich beim Schnitzen, Hobeln und Sägen neu. Es geht nicht mehr um möglichst viel Produktivität in kurzer Zeit, sondern nur noch um Zufriedenheit. Holzkunst ist eine langsame Kunst. Bis aus einem stabilen, harten Baumstamm etwas entstanden ist, braucht es viel Geduld. Und bis das, was in Hans Wüllners Kopf entsteht, auch in dem Material seine Form findet, sowieso. Denn jedes Stück Holz hat seine Eigenarten. „Wenn es eine durchgängige Leitvorstellung für meine Skulpturen gibt", so Hans Wüllner, „dann die, dass ich mich sehr darauf einlasse, was das Stück Holz, das ich mir für eine bestimmte Arbeit ausgesucht habe, vorgibt."

Die Skulpturen sind überall am Haus und in dem weitläufigen Garten zu finden, es sind Menschen, Tiere oder nur Fantasiegebilde. Manchmal verkauft er eine Arbeit, vieles bleibt aber einfach in Grünlund. Und passt sich der Landschaft an. So wie die drei bunten Holzpfähle, die in einer geraden Linie quer über ein angrenzendes Feld verteilt sind. So simpel, aber irgendwie auch genial. Oder der Bilderrahmen ohne Bild, der

auf der Wiese steht. „Norddeutsche Landschaft" hat
Wüllner an den unteren Rand geschrieben.

Birgitt Wüllners Torten dagegen verkaufen sich wie
geschnitten Brot. Sie liebt es zu experimentieren,
immer wieder, immer neu. Ihr Tortendebüt aber, eine
Pfirsich-Maracuja-Torte, ist heute noch im Repertoire.
Schließlich hat sie dafür lange geübt, bevor sie das Café
eröffnete. Ihr Mann weiß nicht mehr, wie viel übrig
gebliebenen Pfirsichsaft aus den Dosen er damals
getrunken hat, aber es war sehr viel. Birgitt Wüllner
übernimmt nicht einfach Rezepte, sondern verändert
sie und erfindet ständig neu (Johannisbeergelee,
Baisercreme, Rührteigbaiserboden, Stachelbeerkom-
pott) – und das alles mit Biozutaten.

Wann eine Tortenkreation gelungen ist? „Ganz einfach: Wenn sie mir schmeckt", sagt Birgitt Wüllner.
Und wenn man sich dann für eine der wunderbaren
Torten entschieden und mit seinem Tablett einen Platz
gefunden hat, fühlt sich so ein Nachmittag in Grünlund wie ein kleiner Urlaub in Schweden an.

Obsthof Stubbe und ein Spaziergang nach Büstorf

Die besten Marmeladen südlich der Schlei

Meine Hamburger Freunde fuhren nie in ihr Ferienhaus, ohne in Stubbe Halt zu machen, um frische Erdbeeren zu kaufen. Wahlweise auch frische Erdbeertört-
chen. „Die sind von Stubbe", sagten sie dann, und ich,
die ich immer den Weg über Kappeln nahm und nicht
den über Lindaunis, konnte mir lange nichts unter
„Stubbe" vorstellen. Aber es klang nett, und so beschloss ich irgendwann, meine Gewohnheit zu ändern
und einen neuen Weg zu fahren. Schließlich schmeck-
ten die Erdbeeren jedes Mal aufs Neue hervorragend.

Der Obsthof Stubbe liegt kurz vor der historischen
Brücke bei Lindaunis auf der Schwansener Schleiseite.
Kaum jemand fährt hier vorbei, ohne im Café vom
Obsthof gehalten zu haben. Um eben jene Erdbeeren
zu kaufen. Oder Eier, frisches Gemüse und eine selbst-
gemachte Marmelade, wie z.B. Quittengelee oder

Rosenmarmelade, die aus duftenden Heckenrosen-
blüten gemacht wird. In den Sommermonaten staut
sich vor der Klappbrücke von 1926 häufig der Verkehr,
ruhig ist es hier dann nicht unbedingt. Kommt man
aber außerhalb der Saison oder an einem Wochentag
vorbei, ist das Café auf Gut Stubbe ein einladender Ort
für einen Nachmittagskaffee und ein Stück selbstgebackenen Kuchen.

Und nicht nur das: Auf den 18 Hektar großen Selbst-
pflückplantagen des Obsthofs kann man sich von Mai
bis Oktober seinen ganz persönlichen Obstkorb zusam-
menstellen. Mehrere tausend Apfelbäume stehen hier,
knapp 800 Pflaumenbäume, und die Himbeer- und
Erbeerplantagen breiten sich auf insgesamt fünf Hektar aus. Außerdem gibt es Stachelbeeren, Sauerkir-
schen, Brombeeren und alles, was die Obstsaison in
Schleswig-Holstein eben hergibt. Der Obsthof betreibt
eine Internetseite, auf der man erfährt, welche Obst-
sorten zum Pflücken bereit sind. Der Renner sind eindeutig die Äpfel, allen voran der Holsteiner Cox.

Hausherrin ist Corinna Jäkel, deren Vater einst Gut
Stubbe gehörte. Der Gutshof, der 1406 erstmals urkundlich erwähnt wurde, ist in privater Hand und
daher auch nicht offiziell zu besichtigen; aber wer auf
der Landstraße 283 in Richtung Brücke fährt und nicht
der Rechtskurve folgt, sondern geradeaus in den kleinen Sandweg Segenredder einbiegt, gelangt direkt
zum backsteinernen Torhaus des alten Gebäudes und
kann sich einen Eindruck von dem Gut verschaffen.

Corinna Jäkel wohnt heute mit ihrer Familie nebenan in einem ehemaligen Wirtschaftsgebäude. Sie ist
auf Stubbe aufgewachsen und die Seele des Obsthofs.

Ihr war immer klar, dass sie nie in ihrem Leben woanders leben und arbeiten will. Dabei war es eigentlich eher Zufall, dass Jäkels Familie 1914 zu Gut Stubbe kam – aber ein ziemlich gelungener. Ihr Großvater betrieb in Hamburg eine Getreide-AG und hatte einen Termin beim damaligen Gutsherrn, dem Herzog von Schleswig-Holstein. Als er ankam, bat ihn der Butler, noch einen Moment in der Halle zu warten, es würden gerade Verkaufsverhandlungen um das Gut geführt. Großvater Kruse schaute sich ein wenig um, und da kam ihm eine Idee. Wer das Gut tatsächlich erworben hat, kann man sich nun schon denken ... „Hoheit", soll Jäkels Großvater schließlich zum Herzog gesagt haben, als dieser endlich Zeit für ihn hatte. „Sie haben so viele schöne Güter an der Schlei. Gönnen Sie mir dieses eine!" Der Herzog gab ihm den Zuschlag.

Corinna Jäkel studierte Gartenbau mit dem Schwerpunkt Obstanbau. Den Gutshof hatte sie dabei immer im Blick. Nicht studiert hat sie Marmeladen kochen und Kuchenbacken. Aber diese Disziplinen meistert sie seit vielen Jahren mit Bravour – neben der Instandhaltung der Obstplantagen, versteht sich. Lange Zeit backte und kochte sie sogar in der alten, weitläufigen Gutsküche im Keller von Stubbe. Die Bleche mit den riesigen Obststreuselkuchen hat sie dann tagtäglich zwischen dem Gut und dem Café hin- und hergefahren. Damit ist jedoch bald Schluss. Das Café soll erweitert werden, sodass man hier auch im Winter einen gemütlichen Platz findet.

Zurück zum Gutshaus: Von hier aus startet ein Spazierweg, der so schön ist, dass selbst der alteingesessene Fischer Adolf Nanz hier regelmäßig seinen Sonn-

tagsspaziergang macht. Und nicht nur der. Viele Ein-
heimische, mit denen ich über Stubbe sprach, nannten
mir sofort den Weg zwischen Stubbe und Büstorf.

Die Wanderung beginnt kurz hinter Gut Stubbe.
Ein kleiner Hinweis für Autofahrer: Man darf hier
nicht parken, also bietet es sich an, den Wagen draußen an der Straße abzustellen. Ich lasse das Haupthaus
rechts liegen und komme auf einen Spazierweg, der an
einigen Nebengebäuden vorbei Richtung Schlei führt.
Dieser Weg verläuft ohne Unterbrechung am Wasser
entlang, bergauf, bergab, kein Haus verstellt den Blick,
durch die Blätter der Bäume zwinkern ein paar Son-
nenstrahlen. Auf schmalem Pfad kommt man mal
durch Schilflandschaften, mal über bemooste Lichtun-
gen.

Ganz idyllisch ist Büstorf, das Ziel der Wanderung.
An diesem Plätzchen liegen wie gemalt ein paar Boote
auf Reede – sie sind an schwimmenden Tonnen befes-
tigt. Schilf säumt das Ufer, einige Findlinge laden zum
Verweilen ein, und es gibt sogar eine kleine Badestelle.
Die Kühe auf der Weide, die den Weg zum Parkplatz
säumt, machen die Idylle perfekt. Wer nicht den gleichen Weg zurückgehen möchte, kann sich von hier aus
durch den Wald schlagen. Ein Spazierweg durch den
Forst Petriholz führt wieder nach Gut Stubbe zurück.

Der Naschikönig und das
Steilufer in Weseby
101 Süßigkeiten und ein Berliner Unikum

Wer an der Schlei eine richtig gute Berliner Weiße trinken will, sollte zu Peter und Hannelore Viergutz gehen. Nein, die beiden betreiben kein Restaurant, sondern einen kleinen, hölzernen Kiosk in Weseby, Ecke Wesebyer Weg/Schoolbeck. Wenn man ankommt, sieht man schon von Weitem Kinder in einer langen Schlange stehen, die geduldig darauf warten, mit abgezählten Cent-Stücken Süßigkeiten zu erwerben. In der Luke des Kiosks Peter Viergutz, groß, grauhaarig, Bart, der gewissenhaft alle Wünsche erfüllt.

„Doch nicht die weiße Maus? Was denn dann? Lieber einen Weingummi-Schlumpf?" Peter Viergutz ändert geduldig Bestellungen, packt bereits Eingepacktes wieder aus und berät in Geschmacksfragen. „Das ist sehr sauer!" Er ist eben *der* „Naschikönig". 101 Sorten sind es genau genommen, die er im Angebot hat, und keine Süßwarenmesse ist vor ihm sicher. Die Klassiker Saure Gurken, Lakritze, Schnuller, Schlümpfe, Bonbons, Lollis, Brausepulver, aber auch Exotisches wie Weingummis mit Chili-Kirsch-Geschmack (Achtung scharf!), Mango-Curry oder Orange-Ingwer stehen bei ihm im Regal. Eben die letzten Neuheiten auf dem Naschmarkt. Wenn Viergutz dann alle Kinder bedient hat und man selbst an der Reihe ist, ahnt man es nach den ersten beiden Sätzen, die man mit ihm wechselt: Der Mann ist Berliner durch und durch. Deswegen hat er auch die Weiße mit Schuss im Angebot.

Wie aber kommt ein waschechter, redefreudiger Berliner in einen kleinen hölzernen Kiosk am nördlichen Ende von Schleswig-Holstein? Wo die Leute lieber drei Worte zu wenig reden als eins zu viel. Es war irgendwann nach der Grenzöffnung, Anfang der 1990er Jahre, dass es Peter Viergutz und seiner Frau zu voll wurde in Berlin. Er hatte dort zunächst in einer Autowerkstatt gearbeitet und dann die Chance ergriffen und eine Bude aufgemacht, um den unendlich vielen Berlin-Besuchern Frikadellen und Würstchen zu verkaufen. Doch schließlich hatte Peter Viergutz die Schnauze voll davon. „Schatzi, was hältst du von Schleswig-Holstein?", fragte er also seine Frau. „Och nee, nicht zu den Sturköppen!", antwortete die.

Anscheinend nicht bestimmt genug, denn 1994 machten sich die beiden in den Norden auf. Zunächst um die Kneipe im Reiterhof in Kosel zu übernehmen und sich hier unter anderem mit ihren hervorragenden Spaghetti Bolognese einen Namen zu machen. Doch schon da fing Viergutz an, für die Kinder Süßigkeiten auf den Tresen zu stellen. Die Nachfrage war groß, und so nahm die Idee mit dem Naschikönig Formen an.

Zum „schönsten Arbeitsplatz der Welt" (O-Ton Viergutz) kamen die beiden dann 2005 auf Umwegen. Wie man eben so oft über Umwege an die wirklich guten Dinge gelangt. Und mittlerweile gehört Viergutz in seinen Kiosk wie ein Bootssteg an die Schlei. So sehr, dass die Kinder ihn nur als beinloses Süßigkeitenwunder hinter der Verkaufsluke kennen und immer wieder überrascht sind, dass er doch zwei Beine hat und gehen kann, wenn er sein Gehäuse mal verlässt.

Dabei kommt Peter Viergutz gerne raus und hält einen Schnack. Das wissen mittlerweile auch die Erwachsenen und schauen kurz vorbei: entweder für ein Last-Minute-Eis nach Feierabend, einen kleinen Prosecco, selbstgebackenen Kuchen oder eben eine frische Berliner Weiße. Wer Weitblick genießen will, setzt sich einfach hinter den Kiosk und lässt den Blick über die Pferdeweide bis hinab zur Schlei schweifen. Es kann höchstens sein, dass ab und zu eine verzweifelte Mutter auf der Suche nach ihrem Kind vorbeikommt – aber das findet sich hier garantiert wieder an.

Ganz in der Nähe von dem Kiosk beginnt ein empfehlenswerter Spazierweg, der sich an der Großen Breite entlangschlängelt. Er führt durch eins der größten Waldgebiete der Gegend, den Missunder Wald. Die Große Breite ist mit 4,2 Kilometern die breiteste Stelle der Schlei. Im Gegensatz zu vielen anderen Abschnitten der Förde sind hier die Ufer so weit voneinander entfernt, dass die Schlei wie ein großer Binnensee wirkt.

Am besten fragt man Peter Viergutz nach dem Weg, aber für den Fall, dass er nicht da ist, versuche ich eine

passable Beschreibung zu geben. Vom Naschikönig aus
geht man den Wesebyer Weg weiter und biegt in die
zweite Straße rechts, Schleiblick heißt sie. Dort nimmt
man wiederum die erste Abzweigung nach rechts und
kommt am Ende der Straße an einen Wendehammer.
Von da aus folgt man links dem Plattenweg hinunter in
den Wald, und wenn man sich anschließend rechts
hält, gelangt man automatisch an den kleinen offenen
Strand am Beginn des Steilufers.

Es könnte durchaus passieren, dass man den Rest
des Tages hier verbringt. Der Blick geht weit hinaus auf
die Große Breite, und direkt gegenüber liegt weiß und
strahlend das Schloss Louisenlund, wie ein Postkarten-
motiv. Umrahmt von Bäumen steht das Hauptgebäude
des Internats auf einer Anhöhe über der Schlei. Einmal
im Jahr veranstalten die Louisenlunder Schüler übrigens „Das große Schleischwimmen". Dazu setzen sie
mit einem Boot nach Weseby über und schwimmen die
fast zwei Kilometer breite Schlei zurück nach Louisenlund. Gute Schwimmer schaffen die Strecke in ungefähr 45 Minuten.

Aber auch wenn kein Schleischwimmen stattfindet,
gibt es hier an der Großen Breite immer etwas zu
gucken. Wegen ihrer geringen Tiefe wird sie von Jollen-
seglern und Surfern gleichermaßen frequentiert. Wer
also nicht weiter wandern mag, bleibt einfach an dem
kleinen Strand sitzen. Im Sommer erreicht ihn die Sonne bis weit in den Abend hinein, und wer einmal die
Schlei im sommerlichen Abendlicht erlebt hat, weiß,
wovon ich spreche.

Spazierwillige folgen dem Pfad, der in einen Kie-
fernwald hinaufführt. Von hier aus kann man oben auf

dem Steilufer bis nach Missunde wandern. Waldige Abschnitte – Buchen- und Birkenhaine – wechseln sich mit offenen Stellen ab, an denen es steil und fast erdrutschartig nach unten geht. Leider haben die Erosionen auch schon den einen oder anderen Baum mitgerissen, der dann auf halber Strecke liegen geblieben ist.

Richtung Missunde flacht das Steilufer mehr und mehr ab. Am Ende des Wegs liegt die Missunder Enge, mit nur 135 Metern die schmalste Stelle der Schlei – und zudem ein nettes Ausflugsplätzchen. Hier kann man die Fähre nehmen, übersetzen und im Missunder Fährhaus einkehren. Diese Fährverbindung existiert seit 500 Jahren und ist damit die älteste auf der Schlei. Während die Fähre allerdings früher aufwendig mit Rudern bedient wurde, ist man heute motorisiert in anderthalb Minuten drüben am anderen Ufer. Es gibt kaum Wartezeit, das Schiff pendelt permanent hin und her.

Ich mag diese kurzen Fährüberfahrten, die es ansonsten noch von Sundsacker nach Arnis gibt, sehr, sie haben etwas beruhigend Gestriges. Am Anleger in Missunde hält von April bis Oktober auch regelmäßig die „Wappen von Schleswig", ein Ausflugsdampfer, der zwischen Schleswig und Schleimünde hin- und herfährt und auch Fahrräder transportiert. Ein Tipp für Radler, die sich nicht komplett verausgaben wollen ...

Der Park von Louisenlund
Von Landgrafen und Abiturstreichen

Man nehme den Namen einer dänischen Königstochter, vermenge ihn mit einer Endung, die „lichter Wald" bedeutet, und fertig ist der Name eines der bekanntesten Internate der Republik. Es gibt viele Geschichten über das Internat Louisenlund. Und viele Vorurteile. Fest steht, dass Louisenlund eine besondere Schule mit einer langen Geschichte ist. Fest steht auch, dass es an exponierter Stelle liegt und viele, die hier zur Schule gegangen sind, nicht mehr von dieser einzigartigen Landschaft loskommen. Wie viele Wochenendhäuser an der Schlei ehemaligen Louisenlundern gehören, ist nicht dokumentiert – ich nehme an, es sind sehr viele.

Die wenigsten Besucher wissen jedoch, dass der Park von Louisenlund für jedermann geöffnet ist und sich gut zum Spazierengehen eignet. Man sollte nur nicht direkt mit dem Auto vor das Schloss fahren, diese Parkplätze sind Schülern, Lehrern und Mitarbeitern vorbehalten, sondern den Wagen auf dem ausgewiesenen Parkplatz am Anfang der Allee stehen lassen. Man erreicht sie entweder von Fleckeby oder Güby aus, wenn man den Hinweisschildern folgt. Von dort aus sind es nur ein paar Minuten Fußweg bis zu dem weißen, spätbarocken Schloss.

Louisenlund wurde zwischen 1772 und 1776 gebaut, in einer Zeit, in der die Dänen die Herrschaft über Schleswig-Holstein innehatten. Seinen Namen erhielt es tatsächlich, weil es die Sommerresidenz der Tochter des Dänenkönigs Friedrich V. war, die Louise hieß. Louise war wiederum mit dem Landgrafen Carl von Hessen verheiratet, der als Statthalter des dänischen Königs dessen Güter an der Schlei verwaltete und das Schloss zu seiner Hochzeit mit Louise geschenkt bekam. Somit hatte er großen Einfluss auf die Gestaltung des Sommersitzes. Da es ihm Gärten besonders angetan hatten, ließ er auf der Rückseite des Schlosses einen englischen und auf der Vorderseite einen französischen Landschaftsgarten errichten. Louisenlund sollte eine idyllische, romantische Alternative zum seinerzeit sehr heruntergekommenen Schloss Gottorf werden, dem Hauptsitz des Landgrafen, der später übrigens noch die Schleigüter Buckhagen, Roest und Carlsburg erwarb.

Aber wie und wann genau wurde Louisenlund zum Internat? 1831 ging es zunächst in den Besitz der Herzöge von Schleswig-Holstein-Sonderburg-Glücksburg über, Carl von Hessen starb nach langer geistiger Verwirrung 1836. Zum Landerziehungsheim wurde das Gebäude über hundert Jahre später, im März 1949, als

Herzog Friedrich zu Schleswig-Holstein die Idee hatte,
eine Schule zu gründen, um nach dem Krieg einen Beitrag zum Aufbau der komplett zerstörten Gesellschaft
zu leisten. Dabei ließ er sich vorrangig von dem seinerzeit bedeutendsten deutschen Reformpädagogen Kurt
Hahn beraten. Die wichtigsten Erziehungsziele sind
kurz zusammengefasst: Verantwortung übernehmen,
für sich und andere, sowie Toleranz und Weltoffenheit.
Deswegen wird auf Louisenlund neben der Schulbil-
dung vor allem Teamgeist und soziales Engagement
groß geschrieben.

Natürlich umfasst das Internat mehrere Gebäude,
das Schloss allein reicht längst nicht mehr aus, um
Unterrichtsräume und Schüler unterzubringen. Dennoch befinden sich auch im Hauptgebäude noch einige Klassenzimmer, und unter dem Dach wohnen die
Schüler der Oberstufe. Eine begehrte Wohnlage: Wer
im Schloss angekommen ist, hat es fast geschafft.

Vom Haupteingang hat man einen ausgezeichneten
Blick auf die Große Breite, die an dem Tag, an dem ich
Louisenlund besuche, bleigrau und aufgewühlt ist. Es
weht ein starker Wind, und eine Dame, die für die Stiftung Louisenlund arbeitet, bittet mich in die kleine
Halle. Auf dem Holztisch vor dem Biedermeiersofa stehen zwei Tassen, die Tür ist geöffnet und man hat
einen herrlichen Blick in den Park. Louisenlund hat
etwas sehr Privates. Es fühlt sich ein bisschen an, als
wäre man zu Gast bei reichen Verwandten.

Während wir ein wenig plaudern, schweift der
Blick immer wieder durch die offene Tür nach drau-
ßen über die akkurat gestutzten Buchsbäume hin zum
Wasser. Dabei bleibt er an der gusseisernen Sonnenuhr

hängen, der sogenannten Amillarsphäre. Sie ist das Wahrzeichen des Internats und prangt auch in stilisierter Form über dem Schriftzug. Carl von Hessen bekam die Sonnenuhr 1794 von der Stadt Schleswig geschenkt, mittlerweile musste sie schon für den einen oder anderen Abiturstreich herhalten, sie wurde verhüllt, verunstaltet oder gar abmontiert. Sehr zum Ärger der Verwaltung natürlich, denn ohne Blessuren geht das meistens nicht ab.

Die kleine, niedrige Mauer, auf die man trifft, wenn man von der Sonnenuhr Richtung Schlei geht, ist der Platz, den man bei einem Spaziergang durch den Park als Erstes aufsuchen sollte. Von hier aus hat man den besten Blick. Auf der gegenüberliegenden Seite liegt das Steilufer von Weseby, rechts unten dümpeln die internatseigenen Boote am Steg, und links sieht man nichts als Wasser.

Von hier aus starte ich einen Spaziergang durch den Park. Er ist sehr weitläufig, weitläufiger als man denkt, und wer sich während des Herumspazierens über merkwürdige Säulen oder andere Steinskulpturen wundert, muss wissen, dass Carl von Hessen einer der bedeutendsten Freimaurer seiner Zeit war. Deshalb findet man auf dem Gelände viele Symbole dieser Vereinigung, die 1717 in England gegründet wurde mit der Absicht, sich gegen jede Form von Absolutismus zu wehren. Das Ziel der Freimaurer, denen auch viele Monarchen und Staatsoberhäupter beitraten, war eine Menschheit, die in Toleranz, Frieden und Freiheit zusammenlebt. Und sie waren überzeugt, dass man diese göttlichen Werte besser in Symbolen als in Sprache ausdrücken könne.

Westlich des anfangs erwähnten Parkplatzes liegt zum Beispiel ein künstlich angelegter See, an dessen Rand sich ein steinerner Widderkopf befindet. Er kündigt symbolisch den Beginn des Frühlings an und steht hier, an der Quelle des Sees, für den Ursprung des Lebens. Ein weiteres Relikt aus der Freimaurerzeit ist ein Obelisk, eine eckige, sich nach oben verjüngende Säule oberhalb des Sportplatzes, den Carl von Hessen zur Hochzeit seiner Tochter Marie mit dem dänischen Prinzen Friedrich errichten ließ. Im äußersten Westen des Parks befindet sich die Louisensäule, die nach antikem Vorbild errichtet wurde. Die drei antiken Säulentypen dorisch, ionisch und korinthisch stellen in der Freimaurersymbolik die Eigenschaften Stärke, Weisheit und Schönheit dar. Carl von Hessen hat sich hier für den korinthischen Typ entschieden und damit der Schönheit seiner Gattin Louise gehuldigt.

Doch bei aller Faszination, die ein Spaziergang durch den Park bietet, sollte man nicht den Garten auf der Rückseite des Schlosses vergessen. Dort stehen zwei riesige alte Bäume, unter deren Krone es sich hervorragend ausruhen lässt. Auf dieser Wiese wird einmal im Jahr das große Zelt für die Abiturfeier aufgebaut. Dieses Ereignis wird sehr festlich zelebriert, und selbst die Herzogin lässt es sich nicht nehmen, alle Abiturienten in ihrer Privatwohnung unten im Schloss zu empfangen, um ihnen persönlich zu gratulieren. Aus diesem Anlass gibt es dann auch die viel beschriebene Gurkenbowle. Das Rezept ist so wahnsinnig geheim, dass es niemandem je verraten wird. Auch ich konnte es der Herzogin nicht entlocken. Nur so viel sei gesagt: Mit Gurken hat die Bowle nichts zu tun. Auch wenn sie sehr grün aussieht.

Der Steg in Stexwig
Jetzt wird's eng: Ein Nadelöhr der Schlei

Fast am Ende meiner Tour, bald wieder in Schleswig, liegt der kleine Ort Stexwig. Ein niedliches Örtchen mit mehreren Wasserzugängen und zwei kleinen Häfen, das die wenigsten kennen. Vielleicht weil es sich auf den ersten Blick vor allem durch Nurdachhäuser aus den 1960er Jahren auszeichnet. Aber das ist nur ein Teil des Ortes, der sich seinen eigentlichen Namen durch die Stexwiger Enge gemacht hat. Es gibt auch einen Ortskern mit schönen alten Häusern.

Nur 280 Meter ist die Schlei vor Stexwig breit, und damit ist dies die zweitschmalste Stelle nach Missunde. Gegenüber liegt die schon erwähnte Naturschutz-Halbinsel Reesholm. Diese sehr schmale und dazu noch flache Stelle verlangt jedem Segler Respekt ab. Fast scheint es, als könnte man nach Reesholm hinüberspucken; leider ist die Landzunge, die die Enge von der

Stexwiger Seite aus begrenzt, nicht mehr öffentlich zugänglich. Bevor sie abgesperrt wurde, konnte man dorthin spazieren und den Seglern beim Durchqueren quasi auf die Finger gucken. Die Geübten segelten reibungslos durch, die weniger Geübten liefen auf Sand – Schadenfreude gratis. Wahrscheinlich zu Unrecht, denn je nach Windbedingungen erfordert es wirklich großes Geschick, dieses Nadelöhr zu passieren.

Es gibt aber eine schöne Stelle direkt am Wasser, die so nah an der Enge ist wie möglich. Hier steht ganz unerwartet eine kleine Holzbank im Schilf, und da kann man einfach nur sitzen und die Stimmung genießen. Herrlich. Um hierher zu gelangen, folgt man im Ort dem Bockbarg bis zum Ende, anschließend führt ein grasbewachsener Weg hinunter zur Schlei und geradewegs auf einen Holzsteg, der sich durchs Schilf schlängelt. Die Schlei fließt zahm zwischen den Ufern, und das gegenüberliegende Ufer liegt zum Greifen nah.

Ich sitze hier und stelle mir die Große Breite vor, wie sie aufgewühlt vor Louisenlund liegt, die tiefblauen Kappelwellen vor Maasholm, die spiegelglatte Wasserfläche bei Winningmay, die waldige, enge Kurve bei Missunde oder das friedliche Noor von Gunneby. Das schroffe Steilufer in Weseby, das liebliche Schilf in Büstorf und den feinen Sandstrand in Bienebek. Kaum ein anderes Gewässer hat so viele Gesichter wie die Schlei. Man fährt ein paar Kilometer, und plötzlich ist es, als sei man an einem völlig anderen Ort.

Das liegt nicht nur an den variierenden Landschaften, sondern auch an ihrer unterschiedlichen Anmutung. Mal ist das Gewässer breit wie ein See, dann wieder schmal wie ein kleiner Fluss. Mal bis zu fünfzehn Meter tief, wie in Missunde oder Arnis, mal ganz flach wie hier vor Stexwig. Woher dieser Wankelmut? Und woher all diese kleinen Ausbuchtungen, die Noore, die so hervorragende Badestellen und Ankerplätze sind?

Man muss sich die Entstehungsgeschichte der Schlei vor Augen führen, um das zu verstehen, und weit, weit zurückgehen in die Eiszeit, etwa vor 50 000 bis 10 000 Jahren, genauer lässt sich die Entwicklung nicht datieren. Gewaltige, mit Schutt vermischte Eismassen überzogen damals, von Skandinavien kommend, Schleswig-Holstein. Unter der Eisdecke bildete sich durch Schmelzwasserflüsse ein weit verzweigtes Tunnelnetz, sogenannte glaziale Rinnen. Diese wurden später von der Ostsee überflutet und wie eine leere Form mit Wasser aufgefüllt.

Es gibt Wissenschaftler, die meinen, die Schlei sei deswegen keine wirkliche Förde, denn klassische Förden wie ihre großen Nachbarn, die Kieler oder Flensburger Förde, sind durch schürfende Gletscherzungen entstanden. Man hat sich allerdings darauf geeinigt, die Schlei im weitesten Sinne als Förde gelten zu lassen. Wie auch immer: Sie ist auf gar keinen Fall ein Fluss, auch wenn diese Annahme bei einem Blick auf die Landkarte naheliegt. Sie hat keine Quelle, sondern speist sich aus Zuflüssen wie der Füsinger Au oder der Bienebek, und aus der Ostsee. Das Besondere an der Schlei ist daher auch, dass sie aus einem Salz-Süßwasser-Gemisch besteht, sogenanntem Brackwasser. Der Salzgehalt nimmt von Schleimünde bis Schleswig immer weiter ab, das merkt man vor allem beim Schwimmen. Und eins ist klar: Egal ob breit, schmal, tief oder flach – zum genussvollen Baden eignet sich die Schlei überall.

Ich begebe mich auf meine letzte Etappe, von Stexwig aus zurück auf die B 76, und fahre Richtung Schleswig. Hinein in den Sonnenuntergang, immer geradewegs auf Schloss Gottorf zu, das im Abendlicht strahlt. Der Weg führt nach Haithabu und ans Haddebyer Noor. Da, wo vor so vielen hundert Jahren all das hier angefangen hat.

Die Noorbrücke
Im Dauerlauf zurück zu den Wikingern

Plötzlich ist da diese kleine hölzerne Brücke und erhebt sich aus dem Schilf wie auf einem alten Ölgemälde. Sie ist ein fast mystischer Ort, denn um dorthin zu gelangen, muss man über historisches Gelände, und die Kraft der Frühgeschichte Schleswigs bleibt einem nicht verborgen. Die Brücke liegt an einer Stelle zwischen Haddebyer und Selker Noor, die nur Fußgängern zugänglich ist. Der Weg dorthin führt vorbei an ursprünglichen Wiesen und wiedererrichteten Wikingerhäusern, und es braucht nur ein wenig Fantasie, um sich innerhalb von Sekunden mehr als tausend Jahre zurückzuträumen.

Hier am Haddebyer Noor lag die Wikingersiedlung Haithabu, die erstmals 804 urkundlich erwähnt wird. In Schleswig-Holstein verbindet sich kaum ein Name so eng mit der Wikingerzeit wie dieser. Ein Spaziergang

zur Noorbrücke ist deshalb ein guter Anlass, sich mit
den Anfängen der Zivilisation hier oben im Norden
auseinanderzusetzen. Der erste urkundlich erwähnte
Handelsplatz der Wikinger war Reric, ein Ort, der in
der Wismarer Bucht lag. Im Jahr 808 wurde er zerstört,
und die dort ansässigen Kaufleute siedelten sich an
einem Platz namens Sliestorp an der Schlei an – jenem
Ort, der später als Haithabu bekannt werden sollte.

Die Siedlung lag ein wenig südlich des heutigen
Schleswig, auf dem anderen Ufer der Schlei, und war
in den folgenden 200 Jahren (bis zu ihrer Zerstörung
1066) einer der bedeutendsten Handelsplätze Nord-
europas. Hier wurden Edelmetalle umgeschlagen,
Keramikwaren, Wolle, Tuche, Pelze, Wein und Waffen.
Und das nicht nur, weil der Wasserweg zur Ostsee optimal war. Auch der Handelsweg gen Nordsee über den
Fluss Treene, der wiederum in die Eider mündet, konnte über Land in rund zwanzig Kilometern erreicht werden. Hauptsächlich stand Haithabu unter dänischer,
aber auch unter deutscher oder schwedischer Herrschaft. Zwei schwere Zerstörungen durch die Norweger
und durch ostholsteinische Slawen markierten dann
1066 das Ende der Wikinger-Keimzelle.

Ich verbinde diese Zeitreise gerne mit einer 40-mi-
nütigen Joggingrunde, man kann diese Tour aber
selbstverständlich auch als Spaziergang absolvieren;
man ist dann ungefähr eine Stunde unterwegs. Für das
Fahrrad ist es dagegen keine geeignete Strecke, da man
auf dem letzten Stück einen hügeligen Waldweg trepp-
auf, treppab läuft. Start ist auf dem Parkplatz an der
St.-Andreas-Kirche in Haddeby, man erreicht ihn über
die B 76.

Von hier aus folge ich dem Weg nach rechts, lasse das weiße Haithabu-Museum, das unbedingt einen Besuch wert ist, links liegen und laufe rechts in den Krähen-Wald hinauf. Wenn man aus diesem Waldstück wieder herauskommt, öffnet sich der Blick auf eine weite, leicht hügelige Wiesenlandschaft, und man hat eine sehr schöne Sicht auf die aus Lehm und Reet nachgebauten Wikingerhäuser, die auf dem Gebiet des ehemaligen Haithabu errichtet wurden. Sie liegen in einer fast unberührten Landschaft, und das macht den Reiz dieses Fleckens aus. Ich versuche mir vorzustellen, wie sie hier wohl damals gelebt haben, und fühle mich innerhalb kürzester Zeit in eine andere Welt zurückversetzt. Besonders wenn ich das Glück habe, allein auf weiter Flur zu sein. Genährt wird diese Illusion noch durch ein paar Yaks, die auf einer angrenzenden Wiese grasen. Besser könnte die Ursprünglichkeit der Landschaft nicht bestärkt werden als durch diese zotteligen Rinder, die selbst aussehen, als kämen sie aus einer anderen Zeit.

Doch zurück zu meiner Tour. Der Weg führt dann weiter nach links, bald kommt eine Stahltreppe, die einen Wall hinaufführt. Hier beginnt ein Teil des alten Ringwalls, der die frühere Siedlung zum Schutz umgab. Der Wall war damals insgesamt 1,3 Kilometer lang, aber ich folge ihm jetzt nur ein kleines Stück und passiere automatisch das ehemalige Nordertor. Ein Abschnitt des Wegs führt an der Rückseite der Wikingerhäuser entlang, bis man die Siedlung schließlich durch das Südertor wieder verlässt. Hier kommt man für einen kurzen Moment in die Realität zurück: Der Weg führt durch die Ausläufer eines Wohngebiets mit schmucken Einzelhäusern, die eindeutig keine Wikingernachbauten sind. Wegen seiner exponierten Lage ein sehr begehrtes Viertel zum Wohnen.

Der „Wanderweg zur Noorbrücke" ist deutlich ausgeschildert, sodass man dem Wegweiser nur zu folgen braucht. Nach einem kurzen Waldstück öffnet sich ein wunderbarer Blick bis hin zur kleinen Holzbrücke. Der Weg dorthin ist schmal und von hohem Schilf gesäumt. An der Brücke angekommen, wird es spannend. Bei Hochwasser beziehungsweise entsprechenden Windverhältnissen, die das Wasser heftig ins Noor drücken, kommt man nicht drumherum, sich die Schuhe auszuziehen und barfuß durch das Wasser zu waten. Meistens ist die Brücke selbst mit festen Stiefeln nicht trockenen Fußes erreichbar. Wenn doch, hat man Glück! Aber so oder so entschädigt der Blick von hier oben für alle Unannehmlichkeiten. Vorne das Wasser des Haddebyer Noors, hinten das Selker Noor, auf dem sich ein paar Enten tummeln, links die Häuser von Haithabu, geradeaus der Schleswiger Dom, der weit in den Himmel ragt. Und der ist in der Regel knallblau und schäfchenbewölkt. Sollte es doch mal anders sein: Ich hab's nie erlebt!

Die Noorbrücke ist im wahrsten Sinne des Wortes ein erhabener Platz. Spaziergänger können gut auf der anderen Seite eine Rast auf der kleinen Bank einlegen. Hier sitzt man auf einer schmalen Landzunge und kann die Stimmung „zwischen den Nooren" noch ein bisschen auf sich wirken lassen. Manchmal paddeln Kanufahrer vorbei und einige Haubentaucher ziehen ihre Runden. Kein Wunder, dass diese Buchten den ersten Siedlern, den Wikingern, Schutz und die Möglichkeit zum Rückzug vermittelten. Gleichwohl waren sie aber auch hier vor Angriffen nicht wirklich gefeit, wie das Ende Haithabus zeigt.

Doch zurück in die Gegenwart. Läufer machen ja bekanntlich keine längere Pause, zumal bei der Brücke ungefähr erst die Hälfte der Strecke geschafft ist. Ich ziehe mir also die Schuhe wieder an und trabe gemütlich weiter. Das Gelände wird jetzt hügeliger, es geht zunächst einmal steil bergauf. Was aber die angenehme Folge hat, dass man anschließend vom Hochufer auf der Ostseite des Noors nochmal einen traumhaften Blick auf die Brücke und das Wikingerdorf hat. Der Weg führt noch eine Zeit lang durch waldige Abschnitte, und es gibt dort ein paar steile Treppen zu bewältigen, man braucht also ein bisschen Kondition. Das letzte Stück des Wegs ist dann von dicken Heckenrosenbüschen gesäumt, deren Duft im Sommer herrlich die Luft schwängert. Leider kann man nicht vermeiden, das letzte Stück der Strecke, zurück zur Haddebyer Kirche, an der Bundesstraße zurückzulegen. Aber selbst hier wird man entschädigt: mit einem grandiosen Blick auf die Schleswiger „Skyline".

Literatur

Herwig Guratzsch: Der Gottorfer
Barockgarten, Reschke/
Steffens & Kruse, Berlin 2007
Herwig Guratzsch: Der neue
Gottorfer Globus, Koehler v.
Amelang, Leipzig 2005
Alf Hermann: Ein Spaziergang
durch den Park von Louisen-
lund, Wachholtz-Verlag,
Neumünster 2002
Pia Klatt/Kai Labrenz: Die Schlei-
region – eine Landschaft wie
im Film, Boysen-Medien
GmbH & Co KG, Heide 2007
Hans-August Koch: Fähren und
Brücken über die Schlei,
Kappeln 2000
Gernot Kühl/Heinz Teufel:
Schleswig und die Schlei,
Ellert und Richter Verlag,
Hamburg 2001
Eckhardt Opitz: Schleswig-Hol-
stein, Ellert und Richter Ver-
lag, Hamburg 2008
Roland Pump: Die Schlei – der
lange Arm der Ostsee,
Husum Druck- und Verlags-
gesellschaft, Husum 2008
Holger Rüdel: Der Holm, Husum
Druck- und Verlagsgesell-
schaft, Husum 2007
Erich Thiesen: Rund um die
Schlei, Wachholtz-Verlag,
Neumünster 2005

Adressen

S. 19: Schloss Gottorf,
Tel. 04621-813222,
www.schloss-gottorf.de

S. 20: Picknick im Schlosspark:
über das Waldschlösschen
bestellen, Tel. 04621-3830,
(abzuholen im Schlosskeller)

S. 26: Barockgarten (April bis
Oktober, tägl. 10–18 Uhr)

S. 32: St. Johanniskloster,
Priörin Henny von Schiller,
Tel. 04621-24236,
www.st-johannis-kloster.de

S. 40: Stadtmuseum Schleswig,
Friedrichstraße 9–11,
Tel. 04621-936820,
www.stadtmuseum-schles-
wig.de (Montags geschlossen)

S. 48: Bauerngarten Chalupka,
Hestoft 24, 24897 Ulsnis,
Tel. 04622-180010;
Gruppen nach Vereinbarung

S. 53: Lindauhof, Astrid Karberg,
Lindauhof 4, 24392 Lindau,
Tel. 04641-3710 (man kann
den Hof auch für Veranstal-
tungen bis zu 50 Personen
mieten)

S. 59: Zur Schleiperle, Strand-
straße, 24399 Bad Arnis,
Tel. 04642-2085

S. 65: Aal- und Fischräucherei
Friedrich Föh, Dehnthof
26–28, 24376 Kappeln,
Tel. 04642-2274, www.foeh.de

S. 76: „MS Stadt Kappeln",
Juliane Sebode, Tel. 04642-
6184, www.schlei-ausflugs
fahrten.de (April bis Oktober)

S. 83: Schlie-Krog, Dorfstraße 19,
24351 Sieseby, Tel. 04352-
2531, www.schliekrog-siese
by.de (Montag Ruhetag)

S. 88: Café und Bildhauerwerk-
statt Grünlund 4,
24364 Holzdorf, Tel. 04352-
2499, www.gruenlund.de

S. 92: Obsthof Stubbe,
Gut Stubbe an der Schlei,
24354 Rieseby, Tel. 04355-
1458, www.gut-stubbe.de

S. 101: Stiftung Louisenlund,
24357 Güby, Tel. 04354-9990,
www.louisenlund.de

S. 110: Wikingermuseum Haithabu (über Schloss Gottorf),
24837 Schleswig, Tel.: 04621-
813222, www.haithabu.de

Tipps für Fahrradfahrer

Wappen von Schleswig,
A. Bischoff GmbH,
Tel. 04621-23319,
Fahrpläne unter
www.schleischifffahrt.de
(April bis Oktober)

Fahrradverleih Röhling,
Knud-Laward-Straße 30,
24837 Schleswig (Nähe
Hafen/Holm), Tel. 04621-
993030, www.fahrradverleih-
schlewig.de (Bring- und
Abholdienst auf Anfrage)

Ich danke:

- Renate und Claus Volckerts für die Sommer an der Schlei. Ohne sie hätte ich diese Gegend nie so kennen- und lieben gelernt – und es wäre wahrscheinlich nicht zu diesem Buch gekommen.
- Addelei Nanz und seiner Frau Lisa für gute Gespräche und die herrlichen Nachmittage bei Kaffee und Kuchen in ihrem Garten auf dem Holm.
- Der Herzogin zu Schleswig-Holstein für einen hervorragenden Pflaumenkuchen und die Zeit, die sie sich für unser Treffen genommen hat.
- Frederik Röh für seine Unterstützung, viele Tipps und ein gutes Auge (www.frederikroeh.de).
- Eckhard Voss von der Ostseefjord-Schlei GmbH für die nette Unterstützung, die vielen Kontakte und sein Magazin „Mohl-tied", das mich auf einige Ideen gebracht hat (www.ostseefjordschlei.de; www.mohltied.de).
- Sigrid Röh für Kost und Logis bei meinen Recherchen.
- Den Möllers vom „Schlie-Krog" für einen hervorragenden „Aal grün".
- Corinna Jäkel für eine ausgedehnte Führung über Gut Stubbe.
- Astrid Karberg für einen Blick hinter die „Landarzt"-Kulissen.
- Fiete Föh für die bestbelegtesten Fischbrötchen und einen launigen Vormittag.
- Doris Tietz für viele Informationen rund um Schloss Gottorf und den Barockgarten.

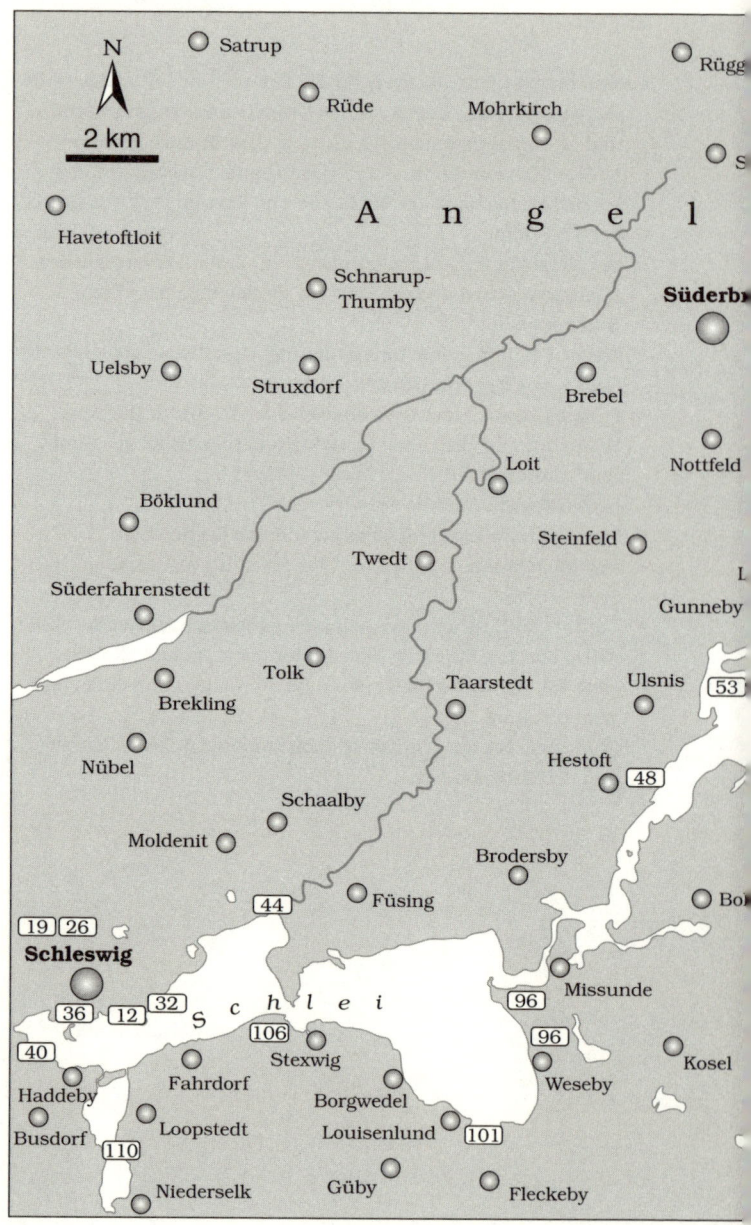

N

2 km

Satrup

Rüde

Mohrkirch

Rügg

S

A n g e l

Havetoftloit

Süderb

Schnarup-
Thumby

Uelsby

Struxdorf

Brebel

Loit

Nottfeld

Böklund

Steinfeld

Twedt

Süderfahrenstedt

L

Gunneby

Tolk

Taarstedt

Ulsnis

53

Brekling

Nübel

Hestoft

48

Schaalby

Moldenit

Brodersby

44

Füsing

Bo

19 26

Schleswig

Missunde

36 12 32 S c h l e i

96

106

96

40

Stexwig

Kosel

Haddeby

Fahrdorf

Weseby

Busdorf

Loopstedt

Borgwedel

110

Louisenlund

101

Niederselk

Güby

Fleckeby

Impressum

**Bibliografische Information
der Deutschen Bibliothek**
Die Deutsche Bibliothek
verzeichnet diese Publikation
in der Deutschen National-
bibliografie; detaillierte bibliografische Daten sind im Internet über <http://dnb.ddb.de>
abrufbar.

ISBN 978-3-8319-0397-9

© Ellert & Richter Verlag GmbH,
Hamburg 2010

Dieses Werk einschließlich aller
seiner Teile ist urheberrechtlich
geschützt. Jede Verwertung
außerhalb der engen Grenzen
des Urheberrechtsgesetzes ist
ohne Zustimmung des Verlages
unzulässig und strafbar. Dies
gilt insbesondere für Vervielfäl-
tigungen, Übersetzungen,
Mikroverfilmungen und die Ein-
speicherung und Verarbeitung
in elektronischen Systemen.

Bildnachweis
Das Titelfoto zeigt den Blick
während der Rapsblüte über die
Schlei von Sieseby aus. Die Rech-
te des Bildes liegen bei Heinz
Teufel, Eckernförde. Alle Bilder
im Text von Nikola Haaks,
Hamburg, außer S. 12, 19, 26,
32, 36, 40, 44, 59, 65, 77, 96, 110
(Frederik Röh, Hamburg)

Lektorat: Werner Irro, Hamburg
Gestaltung: Büro Brückner +
Partner, Bremen
Karte: Thamm Publishing, Bosau
Lithografie: Griebel-Repro,
Hamburg
Gesamtherstellung: Offizin
Andersen Nexö Leipzig GmbH

www.ellert-richter.de